Meditación

Numerosas técnicas de meditación efectivas para ayudarlo a descubrir su profunda naturaleza interior

Manual deMeditación integrada sincronizada y procedimientos relacionados)

Constantin Antunez

TABLA DE CONTENIDOS

Introducción 1
Meditación Activa 13
Meditación Kundalini Para El Tratamiento De La Salud 39
Mini Hábitos 52
El Camino Hacia El Éxito: La Influencia De La Mirada Interior 65
Escrita En El Río Gran Junto Al Quadi 79
La Importancia De La Meditación Musical 91
Meditación Guiada 97
La Concentración 111
¿Qué Métodos Podemos Implementar? 134
Meditación Budista 138
¿Cómo Iniciar La Meditación? 149

Introducción

Este libro te ayudará a meditar mediante la combinación de otras disciplinas como la atención plena, la programación neurolingüística, las constelaciones familiares y las técnicas psicológicas. Toma como base los fundamentos de la psicología transpersonal y explica paso a paso cómo aplicarlo tanto a nivel individual como grupal.

El practicante tiene la libertad de elegir la posición de su cuerpo y manos con la que se sienta más cómodo, lo que le facilita comprender los procesos que puede descubrir para su desarrollo personal y su conexión espiritual con el todo, con su ser espiritual y sus ancestros.

La autora integra los aspectos trascendentales de la psicología humana, entendidos como los rasgos positivos centrados en las virtudes y fortalezas, como gratitud, espiritualidad, apreciación de la belleza, esperanza, autoconfianza, autonomía, sentido de pertenencia y perseverancia.

Favorecer la atención, la concentración y los procesos de pensamiento, como los procesos psicológicos que se enseñan en la programación neurolingüística.

Se convierte en un poderoso recurso para trascender los límites ampliar el conocimiento de las aptitudes personales, romper las limitaciones para obtener profundos y duraderos cambios, conjugados con las disciplinas que abarcan el campo espiritual; antes de dar inicio a las meditaciones, se recomienda invitar al Espíritu Santo an acompañarnos en este proceso de conexión espiritual.

Es posible encontrar meditaciones originales que se combinan con el misticismo y la metafísica, con el fin de promover experiencias espirituales de mayor nivel, con el fin de experimentar liberación y salud, desarrollar virtudes de amor, tolerancia, disciplina y paciencia que serán fructíferas por su propia naturaleza, sensibilizar los sentidos, agudizarlos y pasar de ver, observar y contemplar; de oír, escuchar y obtener beneficios en la salud integral.

Este libro, "Meditación de Milagros", ofrece una variedad de elementos con la flexibilidad de adoptar un propio estilo mientras mantiene la respiración y la postura correcta de la columna como aliadas.

Ha sido el deseo de compartir estas experiencias con resultados positivos en los talleres donde fueron aplicadas, es un trabajo inspirado en una conexión espiritual con lo Divino, donde surgieron estas meditaciones por el fluir del espíritu.

Algunas las podrás hacer por ti mismo, mientras que otras requerirán la ayuda de alguien más. Están dirigidos al ser esencial, cuerpo, mente, sanidad total, equilibrio y búsqueda del despertar, vivir conectado con las riquezas espirituales que son perennes, ya que al obtenerlas; todas las leyes universales fluirán haciendo realidad en tu vida todos sus beneficios. Al adquirir esta sabiduría, tendrás la capacidad de gestionar cualquier cosa que el Universo te brinde, incluso la prosperidad financiera, pero ten en cuenta que esto no será útil cuando exista un desequilibrio en las demás esferas.

Descubrir grandes cambios inmediatos y otros que se irán observando gradualmente. El camino comienza con la total convicción de que eres un ser espiritual por naturaleza y que tu mente y cuerpo son el medio por el cual puedes encontrarte contigo y establecer una conexión completa con Dios.

Antes de comenzar, querido lector, debo admitir que no soy un escritor hábil; esta es mi primera experiencia con este tipo de aventura y quiero hacer de su experiencia de lectura algo relajante, interesante, corto y preciso, sin usar ninguna metodología que sea común en autores de libros más famosos. No, hagamos de esta pequeña experiencia una especie de guía corta en la que me atreveré a responder algunas de sus preguntas sobre la meditación. Si tiene dudas, puede volver an estas páginas y leer este pequeño libro para resolver su pregunta.

Me apasiona el tema de la meditación, así que he leído muchos escritos de expertos en el tema (teósofos, gnósticos y gurúes). Sin embargo, incluso después de horas de lectura, la información se vuelve repetitiva y llena las páginas de tanta información dogmática que eventualmente puede aburrir al lector y alejarlo de este maravilloso mundo.

A pesar de abordar el misticismo que rodea las meditaciones profundas, este libro se enfoca en la lógica detrás de las prácticas meditativas que suelen prescindir de los dogmas religiosos.

¿Qué significa la meditación?

La meditación es un viaje, un viaje al fondo del ser, una aventura hacia lo desconocido, el viaje más grande y satisfactorio que puedes hacer.

Es el método para silenciar la mente y detener la interminable conversación interna que nos impide percibir el mundo desde una perspectiva más clara y elevada. Una mente confusa es similar a las anteojeras de un caballo para un ser humano.

En una persona meditativa, el primero es un observador de sí mismo hasta que alcanza un nivel de desapego en el que el ego se disuelve para alcanzar grados de consciencia superiores.

¿Qué es EGO?

El ego, la idea de quienes somos, la acumulación de recuerdos que generan una sensación de un YO falso, nos hace perder la vida al recordar un pasado que ya no existe (donde tal vez fuimos más felices que ahora). La vida se nos pasa recordando el pasado e imaginando el futuro, con la mirada y las esperanzas puestas en un futuro que esperamos sea más alegre que nuestro presente, ¿no lo has notado? ¿No has estado interrumpido por las voces y las imágenes de tu propia mente mientras lees un libro o ves una película? Nunca dejes de ser bombardeado, en las clases a veces no entendemos porque mientras el maestro explica, estamos viajando hacia el pasado y imaginando el futuro.

La densidad de nuestro ego está relacionada con la medida en que nos identificamos con nuestra mente y nuestros pensamientos. Cuanto mayor sea la densidad de nuestro ego, menos capaces seremos de mirar el mundo con una mente libre y clara.

¿Está la meditación en conflicto con mi religión?

La respuesta es un simple no; la meditación es un viaje interno hacia lo más profundo de cada ser, es una travesía que se hace de forma individual, como el budismo. La base de esta religión no teísta es la meditación, siente la libertad de ahondar en lo más profundo de su ser.

¿Conocías esto?

Este principio fue introducido en el mundo occidental hace más de 2500 años por Pitágoras de Samos.

El famoso matemático y filósofo griego pasó dos décadas en Egipto aprendiendo en Tebas y Menfis bajo la tutela de varios hierofantes. Posteriormente, viajó a Babilonia para estudiar astrología, karma y meditación. El único requisito para ingresar a su escuela era pasar dos años de intensa meditación y silencio.

Pitágoras afirmó que la disciplina del silencio tenía como objetivo desarrollar una mente más reflexiva a través del autocontrol de la palabra.

Recomendaciones antes del inicio

No busques resultados; el Ego siempre tiende a buscar resultados y imponer fechas para lograrlos; solo está interesado en llegar del punto A al punto B sin importar lo que ocurre en el camino; simplemente disfruta el viaje y déjate llevar.

No luches contra tu mente, no intentes controlarla, deja que sea como es. Observa todo lo que sucede sin interferir, sin identificarte con tus pensamientos, solo mantén una atención relajada, sin juicios ni evaluaciones.

Medita después de dos horas de comer, ya que la digestión requiere demasiada energía.

En tu tiempo de meditación, desconéctate del mundo, apaga tu teléfono, apaga la televisión, la música y elige un lugar donde te sientas cómodo.

Meditación Activa

La meditación dinámica tiene una duración de una hora y se compone de cinco etapas. Este método es perfecto para la mente moderna tan agitada porque el estrés constante en la vida actual hace que sea difícil sentarse a meditar. Para aquellos con una mente difícil de callar, aquí presentamos esta forma de meditación. Con la catarsis, no solo cansaras tu cuerpo, sino que también suspenderás tu mente por un buen rato. Al final de esta meditación, te sentirás renovado y renovado.

La primera etapa dura diez minutos.

Respira caóticamente por la nariz y exhala con intensidad, permitiendo que el cuerpo se encargue de la respiración. Hazlo tan rápido y tan fuerte como puedas hasta que literalmente te conviertas en la respiración, ayúdate con los movimientos naturales de tu cuerpo mientras respiras y siente cómo tu energía aumenta.

La segunda etapa dura diez minutos.

¡EXPLOTA! Deje que todo salga a la luz. Dale a tu cuerpo la libertad de expresarse como quiera. Entra en la locura. Grita, chilla, llora, salta, agítate, baila, canta, ríe y cae al suelo mientras te mueves. No guardes nada.

La tercera etapa dura diez minutos.

Salta repetidamente exhalando el mantra "¡HU!" mientras eleva los brazos palmas de las manos hacia el cielo.¡Hu!¡HU!lo más profundo posible. Cuando caigas, hazlo con los pies planos para que el sonido golpee el centro del sexo. Quédate totalmente agotado.

La cuarta etapa dura quince minutos.

¡DETENTE! Congélate en su lugar. No muevas tu cuerpo de una posición an otra. Un solo movimiento, una tos, perderá la energía y el esfuerzo. Observa todo lo que te está sucediendo.

La quinta etapa dura quince minutos.

Disfruta de la música y la danza y lleva esta alegría a tu lado durante todo el día.

ZAZEN

Según los practicantes Zen, "siéntate y no hagas nada" parece simple, pero es difícil mantenerse en ese estado. No hacer nada no solo se refiere a los movimientos físicos del cuerpo sino también a los pensamientos; no quiere decir que debas reprimir tus pensamientos, más bien déjalos ocurrir;

eres solo un observador, alguien completamente ajeno a lo que sucede.

La mente comenzara una batalla donde te bombardeara con argumentos constantes como "estoy perdiendo el tiempo, mejor ver una película o escuchar música". No la reprimas, simplemente observala sin identificarte. Un día la mente se cansará, se aburrirá de ser ignorada y poco a poco se hará más silenciosa, dejar de interrumpirte, ya no habrá más ruido, simplemente estarás sentado en silencio, observando muy profundamente adentro de ti, todo es paz y ben

El budismo Zen se originó en Japón durante la dinastía Tang. La palabra Zen se abrevia de "Zenna", que es la pronunciación japonesa de la palabra china "Channa", que a su vez proviene de la palabra sanscrita "Dhyana", que significa meditación y "ZA" significa sentarse, por lo que las instrucciones se llaman "Zen".

ZA: Acostado

ZEN: reflexionar.

Instrucciones

Siéntate en un lugar y trata de observar algo que no sea demasiado emocionante para que no te distraiga; puedes observar árboles, un río, las nubes o simplemente sentarte frente an una pared en tu espacio de meditación.

No mires nada en particular; tus ojos están ahí así que es imposible no ver; sin embargo, no prestes atención a nada, eso te relajara.

La respiración se relaja y se permite que ocurra sin ser forzada.

En Zazen, debemos permanecer inmóviles hasta que la mente también deje de moverse, ya que el cuerpo y la mente son una misma energía.

¡Disfrútalo!

Medir con luz

Puede usar este método dos veces al día sin esfuerzo; veinte minutos al despertar y otros veinte minutos justo antes de dormir son suficientes. Puede incorporarlo en su vida diaria y convertirse en un hábito muy beneficioso.

Durante el despertar del día, mientras estamos entre dormidos y despiertos, nos encontramos en un estado muy receptivo. Cuando nos despertamos, estamos menos concentrados que nunca. Con el amanecer, toda la tierra se está despertando y se produce un tsunami de energía vital, por lo que no dejes pasar este momento.

Este ejercicio de visualización es ideal para movilizar la energía sexual acumulada a través de los canales Ida y Píngala. Practícalo y, después de tres meses, sentirás como la energía kundalini comienza an expandirse desde tu centro sexual, también conocido como Muladhara.

Instrucciones

La duración de este método es de veinte minutos, mientras te acuestas boca arriba con los ojos cerrados. Mientras inhalas, experimentas una luz intensa que ingresa a tu cuerpo a través de la coronilla (la cabeza) y se expande por todo tu cuerpo hasta salir por los dedos gordos de tus pies. Mientras exhalas, experimentas una oscuridad que ingresa por los dedos de tus pies y se expande por todo tu cuerpo de la misma manera hasta salir por la cabeza.

El procedimiento se repetiría durante la noche, aprovechando el estado de relajación del cuerpo y realizando esta actividad hasta que te duermas. De esta manera, seguirás ganando beneficios durante el sueño profundo.

La clave es relajarse y concentrarse en lo que está sucediendo, sentir como la luz entra en el cuerpo y llena cada espacio en nosotros para luego dar lugar a la oscuridad. Repetir constantemente este método aumentará la energía kundalini.

TRATAKA

Uno de los trucos más utilizados es el trataka, o meditación con un objeto, especialmente cuando se trata de neófitos en la meditación. La práctica del trataka ayudará a las personas más ansiosas y desconcentradas an entrar en un estado de relajación y concentración.

La vela encendida es el objeto más utilizado para esta actividad, pero puede usarse cualquier otro objeto siempre y cuando no esté en movimiento. De hecho, trataka literalmente significa "mirar fijamente con contemplación".

Cualquier cosa puede ser objeto de observación, pero le recomiendo hacerlo con una vela. Si persistes después de tres meses, notará una gran diferencia en su atención, sus lecturas serán más fluidas y entenderán mejor.

Instrucciones

Este método dura 30 minutos. Coloque una vela encendida an un metro de distancia y siéntese frente a ella. La llama debe estar a la altura de tu mirada para que la puedas ver claramente.

Inhala con fuerza y deja que tu cuerpo se encargue de la inhalación. Consciente de esta forma de respirar, permite que se descomponga contigo a medida que pasan los minutos.

Mantén la atención en el lugar donde surge la llama, siéntate de manera recta y concentra tu atención en el fuego. Si surgen pensamientos, permite que surjan, no te identifiques con ninguno, solo observa y déjalos pasar hasta que gradualmente dejen de insistir.

Si sientes que tus ojos comienzan a picar, cierra tus parpados y deja que descansen mientras observas la lávela dentro de ti. Cuando estés listo, abre tus ojos y sigue observando.

VIPASSANA

La respiración te permite regresar y ubicarte de repente en el presente, ya que ocurre de manera espontánea y sin presión. Cuando te desprendes del presente en el día a día, permitiéndote llevar por la mente hacia los límites de la imaginación y los recuerdos, basta con ser consciente de tu respiración y volverás al presente, aquí y ahora. Inténtelo ahora mismo, respire y sea consciente de tu respiración.

Esta es la forma de meditación que ha iluminado a más personas en el mundo.

Vipassana es la pura esencia de todas las demás formas de meditación; nada se le puede restar ni agregar.

Las dos formas de Vipassana siguientes son muy fáciles de realizar; después de leer cómo hacerlas, podrías pensar que incluso un niño puede hacerlo, pero estás equivocado porque él lo haría mucho mejor porque es puramente limpio e inocente.

Vipassana en posición sentada

Encuentre una posición confortable en la que puedas estar cómodo sin moverse durante 45-60 minutos, con la columna recta cerrando tus ojos y respirando desde el vientre. Si es necesario, cambie de posición.

El objetivo, sentado con los ojos cerrados y en estado de relajación, es observar las subidas y bajadas del vientre que se producen con cada inhalación y exhalación, siendo consciente de que el proceso de observación es más importante que lo que estás observando. Por lo tanto, se un testigo de tus pensamientos y permite que se vayan, sin juzgarlos ni identificarte con ninguno.

Caminar en Vipassana

Puede caminar de forma corriente pero un poco más lentamente mientras se siente consciente de cómo sus pies tocan el suelo, se siente consciente de cada contacto y también de su respiración. Puede caminar en línea recta o en círculo manteniendo su mirada a pocos pasos por delante, y si hay otras cosas que te distraen, también lo observa y vuelve a tus pies.

Medir en silencio

Siente el sonido de todo el universo cerrando los ojos. Siente que ese sonido se está moviendo hacia ti. Te sentirás muy tranquilo si te das cuenta de que eres el centro. Tú eres el centro y todo el universo se convierte en una circunferencia; todo se está moviendo hacia ti, confluyendo en ti.

En el centro no hay sonido, por lo que puedes escuchar otros sonidos. El ambiente en el centro es completamente tranquilo. Por esta razón, puedes escuchar sonidos entrando en ti, viniendo hacia ti, yendo hacia ti y rodeándote.

Si puedes encontrar la parte de tu cuerpo de donde emana todo el sonido, el sonido desaparecerá de repente y entrarás en un estado sin sonido. Hay una repentina transferencia de consciencia si puede sentir el centro donde se puede escuchar todo sonido. En un momento, escucharás el mundo lleno de sonidos, pero en otro momento, tu atención cambiará de repente hacia el no-sonido, el centro de la Vida.

X. Existen varios tipos de meditación.

Finalmente... Es hora de descansar. A continuación, menciono algunas meditaciones básicas; estos no son todos, pero pueden ser útiles para comenzar.

1. meditar durante un minuto.

Observe un cronómetro o un reloj para tomar el tiempo.

Inhale por la nariz. Exhala después de soportar el aire durante tres segundos.

Repetir este proceso seis veces, lo que dura aproximadamente un minuto.

No tienes razones para decir que no puedo o que no tengo tiempo con este tipo de meditación. Es muy simple y toma solo un minuto. Puede hacerlo varias veces al día y en cualquier lugar y momento.

2. Mantras.

Los mantras consisten en repetir palabras o frases para liberar la mente; podemos hacerlo desde un minuto hasta más de una hora.

Estos son algunos ejemplos de mantras:

Om

El Om se considera un mantra sagrado en el hinduismo. Para practicarlo, inhale profundamente y exhale mientras pronuncia "Aum" mientras exhala por la boca.

Es muy efectivo. Finalmente, se experimenta una sensación de tranquilidad y paz.

Ho'oponopono

La filosofía del Ho'oponopono, una práctica de resolución de problemas hawaiana, sostiene que las situaciones difíciles que nos presentan tienen su origen en las memorias que tenemos grabadas en nuestro subconsciente.

La técnica se practicaba antiguamente con una ceremonia en la que se reunía la comunidad y las personas que tenían un problema. Sin embargo, gracias a una kahuna llamada Morrnah Simenona, la técnica se simplificó. Por lo tanto, ahora se puede lograr el mismo resultado repitiendo un mantra con el objetivo de borrar y limpiar las memorias relacionadas con el problema.

Actualmente, el mantra más común que se repite mentalmente hacia uno mismo es "lo siento, perdóname, gracias, te amo". Tiene la ventaja de que se puede usar en cualquier momento del día, como cuando trabajamos, caminamos, manejamos o hablamos con otras personas. Aunque pueda parecer contradictorio repetir este mantra mientras se hace otra actividad, es necesario practicarlo para comprender sus beneficios y aprender cómo se hace.

Mabel Katz[11] menciona que el Dr. Hew Len, un estudiante de Mornah Simenona, recomienda repetir "gracias, gracias, gracias" en lugar de repetir las cuatro palabras. Como afirma María José Cabanillas[12], otra destacada maestra del Ho'oponopono, en mi experiencia personal, esta técnica es sencilla de realizar y, además, cuanto más tiempo le dedico al día, más bendiciones llegan a mi vida.

3. Visualización innovadora.

Esta estrategia[13] es muy simple de implementar. Se utiliza la creatividad. Además de ser divertido, es muy beneficioso para el trabajo. En muchas ocasiones ayuda a relajarse. También es útil cuando experimentamos dolor físico. Cuando uno tiene miedo o fobia, ayuda a que sea más soportable.

Mientras trabajo, disfruto de mis momentos de reflexión; tengo la impresión de estar en una playa en quince minutos, lo cual es increíble y lo recomiendo. El día que aprendí a hacer esto, sentí que estaba de vacaciones sin tener que pagar el transporte ni el hotel.

También sirve cuando tenemos que hacer una presentación en el trabajo, para lo cual debemos pensar que todo estará bien. Si recordamos mentalmente que podemos salir victoriosos de una situación, aunque sea difícil, aumentará la probabilidad de que suceda.

Para practicarlo, comience respirando profundamente tres veces, luego imagine una escena que te gustaría vivir con la mayor cantidad de detalles posibles, y luego haga otras tres respiraciones profundas.

4. Meditación dirigida

Es una de las formas de meditación más fáciles. Consiste en que una persona o una grabación te indique cómo meditar.

Para practicarla, busque audios o videos y determine qué meditaciones guiadas te gustan más (ver meditaciones en el anexo 3).

Capítulo 3: Introducción a la Meditación Kundalini para Principiantes

La Kundalini es una fuerza que está en nosotros. Demasiadas personas pasan la vida sin haber aprovechado nunca este poderoso control. Será una vez más fácil utilizar tus poderes más profundos ahora que te has permitido estar completamente a gusto. Es esencial que comencemos a liberar estas energías que están latentes dentro de nosotros. Aunque esta meditación es solo para principiantes, es más avanzada que la meditación de los chakras. Debe estar preparado para permitir que este tipo de energía se desbloquee en ti.

Asegúrese de estar en un lugar cómodo como siempre. No seleccione un lugar con altas concentraciones de energía tóxica o incluso un tráfico excesivo. Nunca se sabe lo que alguien deja atrás mientras viaja por un espacio. Concéntrate en tu respiración y mantenga la mente abierta para que la sanación funcione.

Meditación Kundalini Para El Tratamiento De La Salud

Es fundamental que te sientas derecho mientras meditas kundalini. Manténgase en el suelo también. Sería aún mejor si pudieras hacer esto fuera. Además, es importante asegurarse de sentar con las piernas cruzadas. La kundalini está en la parte inferior de tu columna vertebral, por lo que debemos mantener nuestras piernas enfocadas y nuestros cuerpos rectos para que la energía pueda fluir fácilmente dentro y fuera de nuestros cuerpos.

Puede colocar una almohada debajo de su trasero si te sientes incómodo sentado en el suelo. Mantén las manos boca arriba en las rodillas correspondientes del mismo lado del cuerpo. Asegúrese de sentarse derecho una vez más cuando empiece an encorvarte. Continua con el examen de tu cuerpo. Este kundalini debe poder fluir fácilmente desde la parte superior de la cabeza hasta el final de la columna vertebral. Después de desbloquear este poder, también podrás liberar y controlar mejor la energía de tu tercer ojo.

Concéntrate en tu respiración y permite que todos los pensamientos salgan suavemente de tu mente. Inspira uno, dos, tres, cuatro y cinco, mientras que exhala cinco, cuatro, tres, dos y uno. Concentre su atención en inhalar por la nariz y exhalar por la boca. Mantener la fuerza y la concentración en el flujo de aire que viaja dentro de ti será más fácil con esto. Hacer una cuenta atrás desde el número veinte. Cuando lleguemos an uno, entrarás en este estado de paz y permitirás que fluyan libremente los pensamientos que decimos como si fueran tuyos.

Utilizaremos algunas afirmaciones positivas y mantras durante todo el proceso. Puedes elegir entre repetirlas en voz alta o simplemente dejar que sean pensamientos que repases en tu mente.

Inhale cinco veces y exhale cinco veces. Tienen diecinueve años, dieciocho, dieciséis años, quince años, catorce años, trece años, doce años, once años, nueve años, ocho años, siete años, seis años, cinco años, cuatro años, tres años, dos años y uno.

Es el momento de liberar el poder que ya tienes dentro. Para obtener este poder, no necesitas hacer nada. Es algo que tienes desde el nacimiento. Aunque ha estado inactivo durante mucho tiempo, ahora es el momento de abrirlo y usarlo al máximo. Esta es una especie de herramienta. Una herramienta, como un martillo, puede tener una variedad de usos. Una herramienta puede ayudarlo a crear cosas nuevas. Puede edificar una casa hermosa. Podrías enterrar una creación ingeniosa. Una herramienta puede ayudar an un proceso saludable y positivo, independientemente de lo que hagas. Al mismo tiempo, una herramienta puede ser algo que causa daño. Un martillo es una herramienta que se puede usar para destruir una casa. Podrías romper paredes. Usando este martillo, puedes destruir cualquier cosa que quieras.

La herramienta no determina si es buena o mala. Esta energía kundalini dentro de ti no determina la moralidad. Eres responsable de esto. Puede decidir si esto se utilizará para el bien o para el mal. ¿Ha estado latente en ti durante mucho tiempo? ¿Has ignorado esto y no has aprovechado toda tu energía?

Ahora tus chakras deberían estar alineados. Ahora que estás sentado derecho, puede sentir cómo la energía fluye vibrantemente desde la parte superior de tu cabeza hasta tu chakra raíz. Tienes la apariencia de una planta que ha crecido del suelo. En este momento, estás tranquilo y concentrado. Dejas que la energía de tus chakras fluya libremente por tu cuerpo.

Estás a punto de descubrir tu capacidad cósmica. Para facilitar este proceso, hay algunas cosas que puedes decirte a ti mismo. Primero, asegúrate de mantener el enfoque en tu respiración. Permite que el aire ingrese y salga de tu cuerpo.

Estás completamente a gusto y relajado. No hay nada que te haga sentir miedo o ansiedad. Inhale y exhale, ingrese y sal.

Para sentirnos mejor al final, debemos recordar ciertas cosas. Si lo deseas, puedes repetir estas afirmaciones en voz alta o simplemente permitir que se conviertan en parte de tu proceso de pensamiento natural. Nos decimos mantras negativos a menudo. Continuamente estamos memorizando pensamientos nocivos. Estos mantras se vuelven un estilo de vida. Nuestros chakras están bloqueados, por lo que no podemos liberar nuestro poder interno.

Después de desbloquear esos poderes, serás más consciente. Podrás observar tu entorno y reconocer la verdad. Ya no tendrás bloqueos en tu tercer ojo.

Esta energía dentro de ti te permite curarte a ti mismo. No tienes que usar drogas para sentirte mejor ni siquiera mirar an otras personas. Serás capaz de tener control sobre tus propios pensamientos y emociones cuando desbloquees este poder.

Todo pasará, es la primera afirmación que debemos recordar. No hay nada que sea duradero. Recuerda una vez más que nada es eterno. Todo cambia constantemente y es transitorio. Siempre habrá nuevas circunstancias y siempre habrá más oportunidades para ti. Puede que te arrepientas de cosas que podrías haber hecho en el pasado, pero ya no tienes que cargar con estos sentimientos. Puede recordarse a sí mismo que habrá más opciones en el futuro. Tendrá la capacidad de experimentar cosas nuevas y distintas. No debes preocuparte tanto por lo que podrías haber perdido.

Recuérdate que el dolor y la angustia también son temporales. Son solo momentos de la vida que son únicos y sencillos y no tienen por qué ser aspectos importantes. Nada es permanente, todo es transitorio.

Puede que tengas momentos en los que todo sea horrible, pero eventualmente superarás eso y podrás reconocer que este dolor fue algo que realmente te dio poder. Debido a las experiencias y la mentalidad que desarrollaste a través de estos momentos difíciles, pudiste crecer a partir de esto y mejorar tu vida.

Debe recordar un nuevo mantra. Esto demuestra que cada elección que haces es la correcta. Puede que no parezca así en ese momento, pero recuerda que no tomar una decisión es lo peor que puedes hacer por ti mismo. No tomar una decisión es como no enfrentarse an algo que sabes que necesita toda tu atención. Recuerda que no tienes la capacidad de tomar la decisión equivocada cuando te presentan dos, tres o más opciones. Incluso si te sientes mal en ese momento, eso no debe hacerte temer. Un día verás que todo fue bien. Puede que no veas los efectos inmediatamente, pero aprenderás que todo lo que has hecho te ha llevado an un momento dado. Incluso tomar una decisión diferente podría haber tenido un gran impacto que cambió tu vida. Ni siquiera importa si estas cosas y experiencias están relacionadas con la toma de decisiones. Lo más importante es que nos recordemos a nosotros mismos que cada decisión que tomamos es correcta. No hay nada como tomar una decisión equivocada. Al principio, puede tener más efectos negativos que la otra opción, pero puede ser algo que te ayude a aprender y desarrollarte y convertirte en una nueva persona.

Debes repetirte constantemente estas afirmaciones. Un mantra es una palabra, una frase corta o un sonido que dices para mantenerte presente y meditar.

Aunque no las repetiremos ahora, esto podría ser algo que puedas hacer para asegurarte de que estés a salvo y tranquilo mientras haces cosas por tu cuenta.

Recuerda que estás tranquilo. Tranquilo.

Paz y tranquilidad.

Paz y tranquilidad.

Serenidad.

Serenidad.

Serenidad.

Estás en tierra mientras estás centrado. Eres libre y arraigado. Tienes independencia.

Eres una luz. Estás tranquilo. Estás contento. Tranquilo. Estás protegido.

Estás protegido.

Estás protegido.

Tranquilo. Estás a gusto y te sientes cómodo. Todo está en orden. Todo saldrá bien.

Cuando te das algo para repetir una y otra vez, no solo te ayudará a concentrarte mejor, sino que también te recordará las afirmaciones positivas que necesitamos recordar. Inspira y exhala, inspira y exhala. Permita que te sientas libre. Permita que experimente la felicidad. Sé tranquilo y feliz, enfocado y en paz. Inspira y exhala, inspira y exhala.

Has descubierto este poder dentro de ti. A medida que uses esta energía, descubrirás cómo los bloques están ahora libres. Siempre que tenga la oportunidad, use este poder para limpiar y alinear sus chakras. Eres una persona poderosa que tiene la capacidad de tomar el control de su vida y dirigirla en la dirección que le brinde la mayor satisfacción. Has limpiado tu cuerpo y has liberado un poder cósmico profundo dentro de ti. Este poder te revitalizará y te revitalizará. Su perspectiva y autoconciencia han cambiado. Ahora que tu mente se ha desbloqueado, puedes encontrar la felicidad eterna. La gratitud surge de tu cuerpo y se extiende a todos los que te rodean. Has desarrollado una mayor conciencia general y ahora eres capaz de distinguir entre los aspectos positivos y negativos de tu vida.

Descubre tus propios mantras y repite estas afirmaciones tanto como necesites.

La poderosa energía fluye a través de tu cuerpo. Como el aire y la sangre viajan por tu cuerpo, esta poderosa energía también lo hace. Será la herramienta que usarás para ayudarte a sanar durante toda tu vida según sea necesario. Te has otorgado uno de los mayores poderes de todos, lo que te ayudará a controlar mejor tu energía. Ya no debes soportar la impotencia que el miedo puede causarte. Se te ha dado la habilidad de sentir todo lo necesario para un control completo de tu cuerpo y estás en control de tu vida.

Inspira uno, dos, tres, cuatro y cinco, mientras que exhala cinco, cuatro, tres, dos y uno. Deja que esta forma de respirar se convierta en una rutina. Usa esa poderosa energía para controlar mejor tus sentimientos y emociones. Contaremos de nuevo desde las veinte. Cuando llegamos an uno, o te quedas dormido y continúas con tu día, o pasas a la meditación final.

Inhale cinco veces y exhale cinco veces. Tienen diecinueve años, dieciocho, diecisiete años, dieciséis años, quince años, catorce años, trece años, doce años, once años, nueve años, ocho años, siete años, seis años, cinco años, cuatro años, tres años, dos años y uno.

Mini Hábitos

Hay algunos hábitos más pequeños que puedes incluir en tu vida para encontrar el éxito necesario para perder peso y mantenerlo, además de la meditación, la dieta y el régimen de ejercicio. Puede comenzar an implementar estos hábitos saludables adicionales en su vida:

Intenta recordarlos mientras haces las cosas que normalmente haces. En la próxima meditación, profundizaremos más en ellos. Verás que es más fácil recordarlos si concentras tus meditaciones en estos puntos. Las cosas simples pueden tener resultados más graves.

Meditación para adoptar estilos de vida más saludables.

Esta meditación se enfocará en desarrollar hábitos más saludables. Escucha esto directamente o repite el guión con tu propia voz y usa eso para ayudarlo a meditar. Cuando estés listo, encuentra una posición cómoda y comienza. Deja que estos pensamientos fluyan naturalmente por tu mente, como si estuvieras hablando de ellos.

Cada respiración que entra y sale de mi cuerpo es perceptible para mí. Mi respiración entra naturalmente por mi nariz. Mi cuerpo respirará por sí solo, sin tener que pensar en ello. Antes de nacer de mi madre, adquirí este hábito. Cuando me siento nerviosa, respiro más rápido.

Cuando estoy excitado, respiro más rápido. A medida que me relaje, mi respiración será más lenta. Puedo sentir una respiración increíblemente lenta mientras duermo. Mi respiración se controlará sola. Este hábito me ayuda a recordar que soy humano. Puedo ver que sale de mi cuerpo y hace que el aire sea blanco cuando respiro en la nieve. En un día caluroso, a veces puedo sentir mi propio aliento caliente en mi cuerpo mientras respiro, lo que me hace sentir aún más caliente.

Estoy observando este patrón mientras respiro ahora. Estoy admitiendo que los patrones de comportamiento pueden ser tan naturales para mí como la respiración. Hay algunos hábitos en los que participo todos los días sin siquiera pensarlo.

He tenido hábitos anteriores que no eran saludables, y eso está bien. No siempre se dio cuenta de sus hábitos no saludables. Había cosas que tardaban un poco más en aparecer como problemas, y no era siempre algo que podía hacer sola.

Ahora puedo reconocer las cosas malas que he hecho antes. Estos hábitos no saludables incluían optar por una dieta que sabía que no era saludable para mí o optar por no hacer ejercicio a pesar de saber que necesitaba hacerlo. No me castigaré por estos malos hábitos.

Estoy en armonía con las decisiones que solía tomar en relación con mi cuerpo.

Me concentraré en adquirir hábitos saludables en el futuro. Necesito concentrarme en hacer cosas que mejoren mi cuerpo, mente y alma para el futuro, no solo para ahora.

No hay mejor momento para desarrollar un hábito saludable que cuando me doy cuenta de que necesito incorporarlo a mi estilo de vida. Mi capacidad para reconocer y incorporar hábitos saludables me facilitará el cambio en mi vida. Soy consciente de las cosas que necesito empezar a hacer para mejorar mi vida, y es aún más fácil reconocer las cosas que no debo hacer.

Siempre estaré tratando de incorporar nuevos hábitos saludables en mi vida. Recordaré que necesito mantener el control constante y asegurarme de que estoy tomando las decisiones correctas por las razones correctas.

Formar hábitos no es malo. Ahora debo concentrarme en formar otros que sean más saludables y me ayuden más a largo plazo. Los hábitos tardarán en desarrollarse. No podré adquirir todos los hábitos que quiero en un instante. Me aseguraré de hacer algo saludable todos los días.

Descubriré los hábitos que son más fáciles de implementar y los que necesito cambiar para que se adapten mejor a mi vida. Si me dedico a tomar decisiones saludables todos los días, puedo desarrollar hábitos saludables. Se desarrollarán hábitos saludables. Con el tiempo, otros tendrán que ser trabajados.

Esto es completamente lógico. Para mí, los hábitos fáciles pueden ser más difíciles que para algunas personas, y eso está bien. Voy a hacerlo a mi propio ritmo, y lo único que importa es que me dedique an incorporar estos hábitos saludables a mi vida.

Cuanto más me concentre en la formación de hábitos, más fácil será mantenerlos. Los hábitos tardarán tanto en romperse como en formarse. Está bien caer en viejos hábitos, solo tengo que tener la fuerza para volver an encaminarme.

Me prepararé para casos en los que pueda caer nuevamente en estos hábitos para evitar que me decepcionen demasiado. Si espero la perfección durante mi proceso de formación de hábitos, solo me sentiré derrotado. Me prepararé con afirmaciones alentadoras y pensamiento positivo para ayudarme cuando sienta que me estoy rindiendo.

Ahora es el momento de entrar en el mundo real a través de esta meditación y enfocarme en incorporar hábitos más saludables a mi vida. Voy a concentrarme en asegurarme de incluir la meditación en mis hábitos para mejorar mi salud. Comienza a salir de este estado mental y regresar an un lugar mejor y más saludable, más enfocado en tomar decisiones saludables.

Mi respiración rítmica me ayuda a relajar mi mente, cuerpo y alma. Respiro una vez más, recordando que es una rutina, un ritmo, un hábito. Siento que mi cuerpo respira, exhalando los malos hábitos y inhalando los buenos. Mientras exhalo los malos hábitos, sigo recordando cómo puedo comenzar estos buenos hábitos tan pronto como pueda controlar mi respiración.

Ahora es el momento de quedarme dormido o concentrarme. Mientras cuento de nuevo desde diez, saldré de este estado meditativo y volveré al mundo, lo que me ayudará a desarrollar con éxito hábitos saludables. Las cifras son diez, nueve, ocho, siete, seis, cinco, cuatro, tres, dos y uno.

La paz interna

Un lugar espiritual libre como este puede considerarse un pequeño santuario. Si se entra en un lugar sagrado, ya sea en el mundo exterior o en el interior, se busca eliminar todo lo que pertenece a la vida cotidiana profana.

Traspasar un umbral hacia un ámbito de vivencia superior es el objetivo. Eso requiere preparación y cambios en la orientación interior. No obstante, el establecimiento de un límite a la vida diaria y la creación de una vida interna no ocurre por sí solo. Además, en este caso, nuestra imaginación es esencial. Una persona enciende una vela y observa en silencio cómo se forma la llama; otra persona se eleva al decir un mantra o una oración; otra persona lee un párrafo de un escrito científico-espiritual o de La Biblia; y otra persona se sumerge en un cristal, una rosa, una imagen u observa en silencio cómo se forma su respiración.

Existe una amplia gama de posibilidades. Esto demuestra que es necesario desarrollar activamente y de manera constante la disposición anímica esencial necesaria para lograrlo. Es fundamental asegurarse de que en ese momento no haya que temer ninguna perturbación externa (por ejemplo, teléfono, etc.) que impida el trabajo. Es el efecto más purificador, el cual nos permite, usando un lenguaje gráfico, ascender al altar.

La paz con nosotros mismos es otra forma de prepararse. La elaboración del día ayuda an esta paz, que luego conduce a la calma que permite la meditación. La formación correspondiente de la disposición anímica y el autoconocimiento a través de la retrospectiva son los dos medios para la "construcción de una choza", como se conoce an este espacio erigido por uno mismo en la tradición espiritual. El "nacimiento del ser humano superior", que permitirá la unión con el espíritu, se preparará a través de este espacio.

Contemplación

En pocas palabras, la meditación se refiere a la utilización adecuada de este espacio creado. Se aclarará de qué manera puede ocurrir esto a través del texto de Rudolf Steiner que tendremos ante nosotros a continuación.

Este texto es un excelente ejemplo de cómo la expresión del "cómo" también puede ser la expresión del "qué": al comprender las oraciones aisladas y los grupos de oraciones de este texto, uno mismo puede experimentar y experimentar lo que se habla sobre el contenido. En relación con este texto, esto significa que si aceptamos este texto, podemos comenzar an aplicar lo que dice.

Explicaremos esto aquí como un ejemplo: primero leemos que no es suficiente tener una perspectiva superior sobre nuestro Yo en la vida diaria. Contra eso que me afecta personalmente, debo optar por algo más humano y general, lleno de contenido pensante que tenga un significado espiritual superior. Es necesario agregar algo an esto. Leemos "él debe" tres veces. Se nos anima a desempeñar nuestras propias tareas para que se logre lo esencial:

40

 De la tranquilidad interior a la contemplación"Sin embargo, esta aparición de su propio ser superior solo es una parte de la actividad interna del discípulo. Es necesario agregar algo más.

Si el hombre se enfrente a sí mismo como un extraño, seguirá siendo el objeto de su contemplación, tomando en cuenta únicamente aquellas experiencias y acciones en las que se encuentre implicado por las condiciones particulares de su existencia. Es necesario superar este nivel y ascender hasta lo absolutamente humano, sin importar su posición actual. Debe avanzar hasta la contemplación de aquellas cosas que le afectarían como hombre, incluso si viviera en circunstancias y lugar completamente distintos. De esta manera se desarrolla en él algo que va más allá de lo personal. De esta manera, enfoca su atención en los mundos superiores en lugar de aquellos con los que se encuentra en su vida diaria. El ser humano comienza an experimentar y comprender que pertenece a tales mundos superiores. No pueden enseñarle nada sobre sus sentidos ni sobre sus actividades diarias. Solo de esta manera puede transferir el centro de su ser a su interior. En los momentos de descanso, escuchará las voces que le hablan en su interior y desarrollará una conexión con el mundo espiritual. Ha salido de la vida cotidiana. Los ruidos de la vida cotidiana se han apagado para él.

En su entorno, prevalece la tranquilidad. Ignora todo lo que lo rodea e incluso todo lo que lo hace recordar tales experiencias del mundo exterior. Toda su alma está llena de la calma interior de la contemplación y la comunión con el mundo puramente espiritual.

En la vida del discípulo, esta contemplación tranquila debe ser una necesidad natural. El discípulo comienza en un mundo mental. Debe aprender an amar lo que en él vierte el Espíritu; debe desarrollar un sentimiento vivo para esta actividad silenciosa del pensamiento.

Pronto dejará de ver este mundo mental como menos real que las cosas que lo rodean en la vida cotidiana. Comienza a tratar sus pensamientos de la misma manera que lo hace con los objetos espaciales. Y se acerca el momento en que empiece a percibir lo que se le revela en la actividad silenciosa del pensamiento, como algo mucho más elevado, mucho más real que las cosas materiales. Encontrará que hay algo vivo en este mundo del pensamiento. Comprenderá que los pensamientos son entidades espirituales ocultas que le hablan, no simplemente imágenes vanas. Al emerger del silencio, algo como un lenguaje comienza a ser evidente para él. Antes solo escuchaba sonidos a través de su oído, pero ahora escucha los sonidos en su interior. Se le revela un lenguaje, un verbo interior. Cuando el discípulo experimenta por vez primera este instante, se siente conectado con una felicidad inefable.

Una luz proveniente de su interior ilumina todo su mundo exterior. Comienza una segunda vida para él. Lo inunda una corriente divina de un mundo de felicidad.

El Camino Hacia El Éxito: La Influencia De La Mirada Interior

Me considero una persona feliz en mi vida personal y profesional.

Mi trayectoria laboral comienza an inicios de los años noventa. Me uní an Andersen Consulting (AC), una de las empresas de consultoría más grandes de España y del mundo. En los primeros tres años, comenzó trabajando en una unidad de ingeniería aplicada. Para el sector industrial de producción discreta, la automoción, la aeronáutica y los centros de investigación, implementamos sistemas de software de diseño, análisis y fabricación asistido por computadora llamados CAD/CAE/CAM. Me incorporé más tarde a la división de software de la empresa como responsable de marketing y apoyo a ventas.

Empecé mi diplomatura en dirección de marketing en EADA2, una escuela de negocios famosa en Barcelona, en ese momento.

Durante mi diplomatura, Xerox Corporation3 me ofreció un puesto en la división de productos de ingeniería (XES): sistemas de copia e impresión para las áreas de ingeniería. Me incorporé como director de marketing en la oficina central en Madrid. Trabajé en esto durante dos años. Luego surgió una oportunidad en mi vida: participé en un concurso internacional y lo gané. Como uno de los veintisiete directores de marketing con responsabilidad global, me incorporé al equipo de marketing en la central de Rochester (Nueva York). Un trabajo internacional de duración de dos años. ¡Qué época tan emocionante!

Durante mi tiempo en AC y, en particular, en XES, recibí un gran reconocimiento. Aprovecho estas líneas para expresar mi gratitud más sincera an estas organizaciones, y en particular a todas las personas con las que trabajé y colaboré, a quienes recuerdo claramente. Personas que me confiaron y me dieron una oportunidad. Pero hay más personas que fueron y son referentes en mi vida profesional, tanto antes como después, y que también me dieron su apoyo, amistad y oportunidades. Además, mi más sincero agradecimiento an ellos.

No puedo evitar recordar y recordar a Mr. John B. Cahill, mi jefe de marketing europeo en XES en ese momento en Madrid, quien falleció en el ataque terrorista del 11 de septiembre de 2001. Se encontraba en el segundo avión que golpeó las torres gemelas. John, siempre te recordaré... D.E.P. en el Sol.

Después de ese tiempo en los Estados Unidos, tomé la decisión de regresar a Barcelona con la intención de avanzar en el puesto de director general. Realicé el trabajo en dos etapas principales. Inicialmente, lideré una empresa de consultoría e implementación de software para la planificación de la cadena de suministros, también conocida como SCM (gestión de la cadena de suministros) (4). La segunda etapa se llevó a cabo en el departamento de dirección general, que fue propiedad de las cámaras de comercio del Estado español y tenía su sede física en la Cámara de Comercio de Barcelona. Trabajé como empleado hasta enero del 2014, cuando renuncié voluntariamente para establecer Executive Meditation.

Desde mi punto de vista, es una historia profesional "corriente". Trabajos interesantes, interesantes y enriquecedores, con una posición específica y salarios altos. Lo aprecio mucho, especialmente porque me ha permitido avanzar en una parte de mi desarrollo psicológico y llegar a donde estoy ahora.

Sin embargo, lo que es verdaderamente significativo e importante es que antes de comenzar esta carrera, trabajé como peón (con un mono azul) en una fábrica de muebles y decoración en mi pueblo (Sant Hilari Sacalm, en la provincia de Girona). En realidad, todo este "éxito" profesional se ha logrado sin títulos universitarios ni educación superior previa.

Mi origen es humilde. Mi familia cercana tenía una escala de valores egoístas, codiciosos, tacaños, indiferentes e insensibles, a pesar de que mis padres me querían mucho. Mis padres y yo pagamos un precio muy alto por ello, especialmente ellos.

Me sentía como un niño humilde sin la preparación adecuada para perseguir sus sueños y sin los medios financieros necesarios para salir de la situación difícil. Pensé en un futuro oscuro y desorientado, sin una visión clara ni una dirección.

Fue una época de muchos errores personales y decisiones incorrectas. Me sentía perdido en muchos aspectos. Con dieciocho años, mi vida parecía tocar fondo al final de un período turbulento y sin norte que duró unos tres años.

Un día, mientras montaba en mi moto, de repente sentí la necesidad de detenerme y me senté en un banco de una calle importante de mi pueblo para reflexionar. Durante dos horas permanecí en ese banco. La brisa suave de las montañas me acariciaba mientras el sol primaveral me calentaba suavemente la cara. Aún recuerdo esa sensación. Estoy pensando en el significado de todo. Me pregunté y pensé en las razones por las que mi vida no era satisfactoria. ¿Por qué algunas personas tenían tanto éxito (a mi juicio) y otras sufrían tanto? ¿Qué significado tiene la vida? No pude encontrar una respuesta satisfactoria a mis preguntas. Sin embargo, aquel día ocurrió algo significativo, un despertar: pensé que quizás los problemas y soluciones de la vida comienzan y terminan con uno mismo. La meditación surgió en ese momento histórico. Debido a que la meditación es la capacidad de dirigir nuestra atención hacia nuestro interior. Reconocer nuestra verdadera situación. Cada persona tiene un talento profundo porque somos expresiones únicas de la naturaleza. Las leyes de la naturaleza que controlan tu vida son las mismas que controlan todo el "tinglado": tú, yo, la vida en el planeta, el planeta, el sistema solar, la galaxia y todo el universo.

Fue una verdadera mirada interna. Todo se vio alterado.

Mi mente cambió como resultado de la meditación. Me ayudó a calmarla y a liberarme del pasado y del futuro. Me concentré en el presente. Se produjo una gran claridad mental.

Ahí comenzó el proceso de toma de decisiones. Sería empleado por Andersen Consulting en un plazo de cinco años.

¿Cómo llegó a la meditación? Creo que es tu intención hacer esta pregunta.

Puede haber sido una coincidencia inesperada, una historia inimaginable, el karma o mi propia creación mental. Cada vez que miraba hacia un lado, la meditación aparecía frente a mí.

Después de trabajar en la fábrica de muebles, asistía a clases particulares de inglés con otros. Me encontré con una joven que había estado ausente por mucho tiempo. Solo tenía en mente que no me gustaba. Sin embargo, al volver an aquellas clases, me sorprendió su transformación. Era solo otra persona y me llamó mucho la atención. En mi trabajo, le comenté an un compañero joven que también asistía a las clases que esa chica me parecía interesante. Inmediatamente respondió: "¿Carmen?" Ella se ha vuelto loca. Le cuestioné su perspectiva. Me dijo: "Verás: hace cosas muy extrañas, dice que hace "meditación"."
Entonces supe que tenía que hablar con

ella. Después de salir de la clase de inglés, la llamé y le pregunté si podríamos hablar sobre la meditación. Me respondió afirmativamente y nos quedamos el sábado en la discoteca, tal y como solía hacerse en aquel entonces. Nos encontramos y tuvimos una charla. Me dijo que me presentaría a Judith, su profesora. Él lo hizo.

La primera vez que la vi fue a principios de diciembre de 1982. Me dedicó unos minutos mientras hablaba sobre la meditación. Mi intento de explicar los beneficios técnicos de la meditación fue muy amable. No obstante, no estoy seguro de que me haya convencido de nada, no por mi falta de habilidad, sino porque me encontraba en un estado más espiritual. Su discurso no me hizo nada. Sin embargo, decidí tomar un curso y ahorrar unos pocos dólares. Le respondí afirmativamente porque me parecía descortés decirle simplemente que no me interesaba después de que me había dedicado su tiempo y atención. Creí que habría aprendido algo. Acordamos que el curso comenzaría a fines de mes, durante mis vacaciones de Navidad.

Al regresar a casa del trabajo unos días antes del encuentro con Judith, me encontré con un libro en la mesa del escritorio de mi habitación. Mi madre lo había comprado. Le pregunte cuál era el libro en cuestión. Mi madre no solía regalarme libros, sino que yo solía hacerlo. Por lo tanto, lo consideré bastante extraño. Me explicó que cuando pasó por el escaparate de la librería del pueblo, se detuvo a mirar, vio un libro, leyó su título y reflexionó sobre mí. Sin razón aparente, sintió un deseo incontrolable de adquirirmelo. "La verdad, hijo, es que no sé de qué va", me dijo mientras se dirigía a la cocina. El libro de Maharishi Mahesh Yogi se llamaba La Ciencia del Ser y el Arte de Vivir. Empecé a leer el libro, pero cada vez lo entendía menos a medida que avanzaba, hasta que finalmente lo dejé a medias.

Ya tenía conocimiento de que el libro estaba relacionado con Judith en ese momento. Ella enseñó Meditación Trascendental. Judith no pertenecía al pueblo de Sant Hilari Sacalm. Era uno de un grupo de personas que habían llegado al pueblo hace más o menos un año. Alquilaron el Solterra, un antiguo y grande hotel restaurante de lujo que había estado cerrado durante muchos años. La reliquia pertenecía an épocas pasadas, épocas de prosperidad, cuando la burguesía de Barcelona se hospedaba durante las vacaciones de verano en la "Vila de les Cents Fonts". Mi pueblo era conocido por tener más de 100 fuentes naturales que fluyen hacia el parque natural del Montseny. Algunas son muy conocidas y respetadas por sus propiedades curativas. Fue un lugar popular.

Mi pueblo fue elegido para establecer el que sería la sede del gran Instituto de la Ley Natural Maharishi (ILNA) durante un período de tres años, lo cual fue increíble para mí. Estuvo lleno de personas de todo el mundo. Al lado de casa, me habían puesto la meditación en mayúsculas. Era imposible para él huir.

Después de la reunión con Judith, en la que aparentemente no ocurrió nada más allá de mi decisión de seguir el curso, ocurrió algo inesperado y de lo que yo no estaba al tanto. Cuando regresé a casa, decidí volver a leer el libro de Maharishi. No podía creerlo. Cada letra, palabra, párrafo y página parecía ser una verdadera revelación. Lloré. Finalmente había encontrado lo que había estado buscando durante tanto tiempo.

El momento llegó. La mañana del domingo era hermosa. Había caído una nevada mientras salía el sol. El aire estaba muy limpio y no hacía frío. Creo que había quedado con Judith en el Instituto a las 10:30 o 11 de la mañana, pero no estoy seguro. Sin embargo, mantenía la calma y disponía de suficiente tiempo. Me recibió en una sala grande con paredes curvas como un ábside y ventanales amplios, que me recordaba las salas de lectura de los hoteles de lujo. A pesar de esto, se percibía una cierta familiaridad. Las persianas estaban ligeramente elevadas y las ventanas estaban cubiertas por finas cortinas semiabiertas, lo que proporcionó un ambiente a media luz acogedor, dulce y cómodo. Un suave y suave olor an incienso se extendía por el aire. Hablamos poco, simplemente saludamos. Le dije que ya sabía que lo que íbamos a hacer era exactamente lo que buscaba. Me sonrió con un mohín suave en su rostro y asintió con un leve gesto de cabeza, pero permaneció en silencio. Nos sentamos uno al lado del otro en sillones cómodos de antaño, manteniendo una distancia suficiente y en una posición abierta para vernos bien. Tenía una forma única de sentarse, de manera adecuada. Observé. Fue directa y luego comenzaron a formar juntos. Después de una pequeña ceremonia de iniciación acorde con el procedimiento de la MT, me introduje por primera vez en la meditación profunda de manera completa y sistemática. El ambiente era tranquilo. Todo el edificio y el exterior estaban llenos de silencio. Parecía que todo el espacio más allá de las paredes, del edificio, del patio y del recinto estaba envuelto en una cúpula de silencio. Teníamos unas dos horas.

Escrita En El Río Gran Junto Al Quadi.

1. Piense en sí mismo temprano en la mañana: Hoy me encontraré con hombres curiosos, desagradecidos, violentos, traicioneros, envidiosos y poco amables. Ellos no conocían el bien y el mal, por lo que han adquirido todas estas cosas. Sin embargo, he observado que la naturaleza del bien es el bien y la naturaleza del mal es el mal, y que la naturaleza del hombre que hace el mal es semejante a la mía (no de la misma sangre y linaje, sino que participa conmigo en la mente, es decir, en una porción de la divinidad). Por lo tanto, no puedo ser perjudicado por ninguno de ellos porque ningún hombre me involucrará en el mal, ni puedo enojarme con mi Por lo tanto, trabajar unos contra otros es oponerse a la Naturaleza, y estar enojado con alguien o alejarse de él es tender al antagonismo.

Esto es mi carne, mi espíritu vital y mi yo gobernante. La carne, que es sangre, huesos y red, es una madeja retorcida de nervios, venas y arterias. Considere también qué es el espíritu vital: una corriente de aire que se expulsa y aspira cada hora, no siempre la misma. Entonces, existe una tercera parte, que es el yo que gobierna. No te distraigas más con tus libros; no son tu parte. En lugar de eso, piense como si estuviera a punto de fallecer: "Eres un anciano, sufre esta parte que te gobierna para no estar más en la esclavitud, no ser más una marioneta impulsada por un impulso egoísta, no estar más enojado con lo que te está asignado en el presente o sospechar lo que te está asignado en el futuro".

3. La obra de los dioses está llena de Providencia: la obra de la Fortuna no se separa de la Naturaleza o de los hilos que la Providencia ordenó. Todo proviene de un mundo diferente, y también existe la necesidad y el bienestar de todo el cosmos, del cual tú formas parte. El mundo se mantiene vivo gracias a los cambios de los cuerpos

compuestos y los elementos que los componen, así como a cada parte de la Naturaleza que es beneficiosa que la Naturaleza del Todo trae y conserva. Espero que esto sea suficiente para ustedes y que estas sean sus enseñanzas constantemente. Sin embargo, olvida tu deseo de leer libros, para que no estés solo murmurando, sino que estés verdaderamente reconciliados y agradecidos a los dioses.

4. Recuerda cuánto tiempo has estado retrasando estas cosas, y cuántas veces los dioses te han dado días de gracia, pero no los has utilizado. Ahora es el momento de comprender la naturaleza del Universo del que eres parte y la naturaleza del gobernador del Universo del que subsistes como un efluente, y que tu tiempo está limitado, y que a menos que lo uses para alcanzar la calma, el tiempo se irá y tú te irás, y la oportunidad de usarlo otra vez no será tuya.

5. Cada hora, mantened la mente valientemente, como un romano y un hombre, para hacer lo que sea a vuestra mano con precisión, con dignidad intacta, amor natural, libertad y justicia; y descansad de cualquier otra imaginación. Si haces cada acto como si fuera el último, sin ningún propósito aleatorio, evitando la Razón directora, la pretensión, el amor propio y el descontento con lo que te ha sido asignado, lograrás esto. Ya ves que un hombre necesita muy pocas cosas para llevar una vida tranquila y temerosa de los dioses, ya que los dioses mismos no le exigirán nada más al que cumpla estos preceptos.

Te haces violento, alma mía, y no tendrás una segunda oportunidad para hacerte honor. La vida de cada uno de nosotros es corta, y la tuya está casi terminada, pero no te respetas a ti mismo, sino que te preocupas por el bienestar de otros.

¿Las cosas exteriores te distraen? Date un momento para aprender algo nuevo y dejar de seguir tu camino. Sin embargo, después de hacerlo, tenga cuidado con un segundo tipo de vagabundo. Los que están enfermos de muerte en vida y no tienen ninguna marca en sus impulsos o imaginación son insignificantes, no solo en las palabras sino también en los hechos.

No es sencillo que los hombres sean llevados al mal por no prestar atención a lo que sucede en el alma de los demás; sin embargo, aquellos que no comprenden los movimientos de su propio alma están forzados an estar en el mal.

Recordad siempre la naturaleza del Todo, mi propia naturaleza, su relación con él y su clase de parte. Ningún ser humano puede impedir que digáis y hagáis lo que está de acuerdo con la naturaleza de la que formáis parte.

Los errores de apetito son más graves que los errores de

temperamento, dice Teofrasto, un verdadero filósofo, al comparar varios defectos, como suelen hacer los hombres. Es obvio que aquellos que pierden los estribos se alejan de la Razón con un dolor y un espasmo interno, mientras que aquellos que ofenden a través del apetito son víctimas del placer y son evidentemente más vicioso y afeminado en sus errores. Teofrasto dijo, con razón y en un espíritu verdaderamente filosófico, que una ofensa atendida con placer implica una mayor censura que una ofensa atendida con dolor. En general, este último se asemeja más an un hombre que sufrió un agravio inicial y, por lo tanto, se ve obligado por el dolor a perder sus estribos; el otro, por otro lado, ha comenzado él mismo y ha sido impulsado a hacer el mal, impulsado por el deseo de hacer lo que hace.

En la creencia de que se puede abandonar la vida de inmediato, se actúa, se habla y se consideran todas las situaciones de acuerdo. Si los dioses existieran, no habría motivo de temor al abandonar la compañía de los seres humanos, ya que no os involucrarían en el mal. Sin embargo, si los dioses o la providencia no existen o no se preocupan por los asuntos humanos, ¿por qué debería seguir viviendo en un mundo sin dioses ni providencia? Sin embargo, hay personas que se encargan de la vida de los hombres y han confiado todo a los hombres para evitar verdaderos males. Por lo tanto, si algo fuera malo, también lo habrían previsto para que todos los hombres pudieran evitarlo. Además, lo que no hace an un hombre puede empeorar su vida.[2] La naturaleza del Todo no habría ignorado estas cosas por ignorancia ni por falta de poder o habilidad para protegerse o corregirlas. Tampoco habría cometido un error tan grave por falta de poder o habilidad para permitir que tanto los hombres buenos como los malos ocurrieran indistintamente. Los hombres son responsables de la muerte y la vida, de la buena y la mala noticia, del dolor y del placer, de la riqueza y la pobreza, y no son en sí mismos ni correctos ni equivocados, por lo que no son ni buenos ni malos.

Las cosas se desvanecen rápidamente, incluso los cuerpos mismos en el Universo y los monumentos conmemorativos de ellos en el tiempo; cómo son las cosas de los sentidos, especialmente las que atraen por el placer o aterrorizan por la amenaza del dolor o son gritadas por la vanidad, cuán baratas, despreciables, manchadas, corruptibles y mortales.Son para que la facultad mental las considere. Considere también qué tipo de hombres son aquellos cuyos juicios y voces determinan honor y deshonor; qué es morir, y si un hombre lo considera por sí mismo y por la actividad separadora del pensamiento, concluye que la muerte es una obra de la Naturaleza. Sin embargo, si alguien tiene miedo a las acciones de la naturaleza, es solo un niño; pero la muerte no solo es una acción de la naturaleza, sino también para su bienestar. Considere también cómo el ser humano toca a Dios, a través de qué órgano de sí mismo, y cuándo esa parte de él está en qué condición.

No hay nada más desafortunado que el hombre que vuelve y vuelve a todo, como dice Píndaro, y busca conjeturas sondear las mentes de sus vecinos, pero no percibe que permanecer con la Divinidad dentro de sí mismo y hacerle un servicio genuino es suficiente. Ese servicio es mantenerlo inmaculado por la pasión, indiferente y descontento con todo lo que proviene de Dios o de los hombres. Es importante adorar lo que proviene de los dioses y lo que proviene de los seres humanos, ya que pertenecen a la misma familia que él. En ocasiones, es lamentable, en términos humanos, por su falta de conocimiento sobre el bien y el mal. Esta deficiencia es más grave que la que impide que los ojos distingan entre la luz y la oscuridad.

Recordad que aunque estuvieseis a punto de vivir tres mil o tres veces diez mil años, nadie pierde otra vida que la que vive, ni vive otra que la que está perdiendo. Por lo tanto, tanto la más larga como la más corta llegan a la misma cosa. Para todos, el presente es igual y lo que sucede es igual, por lo que lo que se pierde se demuestra que es solo un momento. ¿Cómo se puede robar an un hombre lo que no tiene, ya que no puede perder ni el pasado ni el futuro? Siempre debes recordar estas dos cosas: Una afirmación es que todas las cosas son iguales y están en movimiento desde hace siempre, sin importar si un individuo ve el mismo espectáculo durante cien años, doscientos o un tiempo infinito. Por otro lado, se afirma que tanto los ancianos como los más jóvenes sufren la misma pérdida, ya que el presente es el único objeto que se pierde, ya que esto es todo lo que tiene y un hombre no pierde lo que no tiene.

Todo depende de tu juicio. Si uno toma lo esencial del dicho, en la medida en que es verdad, la respuesta al filósofo cínico Monimus es bastante clara, pero también lo es el uso del dicho.

El alma humana se somete a sí misma principalmente cuando se transforma en lo que es, un desarrollo independiente y una explosión similar a la del universo. Porque volverse contra todo lo que sucede es una separación de la naturaleza, por lo que la naturaleza de cada uno de los demás se conoce separadamente. En segundo lugar, cuando se aleja de alguien o se le opone con el fin de dañarlo, como es el caso de los enfurecidos. En tercer lugar, cuando es víctima del placer o del dolor; en cuarto lugar, cuando actúa como parte y dice o hace algo tanto falso como falso, se viola a sí mismo. En quinto lugar, cuando no realiza acciones o impulsos propios con respecto an una marca, se comporta en cualquier cosa sin un plan o propósito consciente, incluso las acciones más pequeñas deben mencionar el propósito. En este momento, el objetivo de las personas racionales es cumplir con la norma y reglamento de la ciudad y gobierno más respetable.

En la vida del hombre, el tiempo es un punto, la existencia es un flujo, la sensación es nublada, todo lo que compone su cuerpo corruptible, el espíritu vital es un remolino de aliento, la fortuna es difícil de predecir y la reputación es incierta. En síntesis, todo lo que pertenece al cuerpo es como un río, lo que pertenece al espíritu es como un sueño y un delirio; su existencia es como una guerra y una estancia en una tierra extraña, y su olvido después de la fama. ¿Qué puede ser su acompañante a lo largo de la vida? La filosofía es solo una cosa. Esto se hace para mantener el espíritu dentro de él sin equivocarse ni causar daño, maestro de dolores y placeres, sin hacer nada al azar, sin hacer nada falso ni con pretensión; sin necesidad de hacer nada o dejar nada sin hacer; y aceptando lo que le sucede, es decir, lo que se le asigna, como procedente de ese otro mundo del que él mismo vino. Y en todas las cosas que esperan la muerte, con una mente contenta, solo esperando la liberación de los elementos de los que está hecha cada criatura viviente. Si los elementos no causan daño en su incesante transformación en otros, ¿por qué un ser humano debería temer el cambio y la disolución de todos ellos? Debido a que esto está en línea con la naturaleza, y ningún mal está en línea con la naturaleza.

La Importancia De La Meditación Musical

La música es muy buena para el manejo del estrés y la salud en general. Puede ayudarlo a relajar su fisiología sin hacer un esfuerzo consciente, lo que puede reducir la tensión mental. La música también puede mejorar tu estado de ánimo, hacer que tu respiración sea más lenta y causar otros cambios que te hacen sentir más estresado.

La meditación también es una de las formas más conocidas de manejar el estrés porque brinda beneficios a corto plazo, como una mente y un cuerpo tranquilos, y puede desarrollar fuerza contra el estrés con el tiempo. La música y la meditación pueden mejorar juntos y aliviar el estrés.

La meditación musical también puede ser más fácil y relajante que otras formas de meditación para muchas personas que son novatas o perfeccionistas. Es una técnica para aliviar el estrés que cualquiera puede usar. La práctica regular de esta meditación puede ayudarlo a gestionar mejor cualquier tensión.

tiempo necesario

Incluso una sola canción puede ayudar a reducir la tensión y restaurar la energía, aunque veinte minutos es un tiempo mínimo realmente bueno para la medicación musical.

Directoras de mediación musical:

Seleccione una música que te ayude a relajarte. Esto implica buscar música que disfrute escuchar; si, por ejemplo, no le gusta la música clásica, no la elija. Además, debe tratar de encontrar música con un ritmo más lento, preferiblemente sin letra, ya que puede ser disruptivo e involucrar su mente consciente, la parte de su mente que esperamos ralentizar.

Relájese en una posición cómoda. La mayoría de las personas creen que realmente necesitan sentarse con las piernas cruzadas o usar un cojín para meditar, pero en realidad, debes probar cualquier posición en la que te sientas cómodo. Algunos evitan acostarse simplemente porque se van a dormir de esta manera si están cansados; puedes experimentar y llegar a la conclusión de lo que es mejor para ti. Además, una vez que encuentres tu posición, cierra los ojos, relaja los músculos y respira a través del diafragma. Deje que los músculos de su estómago, su estómago e incluso los de su rostro se relajen. Exhale profundamente por la nariz mientras expandes el vientre en lugar del pecho.

Mantén tu concentración en la música. Si te encuentras pensando en otras cosas (o incluso en la música), desvíe suavemente tu atención del momento actual, el sonido de la música y los sentimientos en tu cuerpo que estimula. Debes intentar sentir la música.

Continúe realizando esta tarea durante unos minutos o hasta que se le acabe el tiempo. A medida que le vengan pensamientos a la cabeza, déjelos ir con cuidado y redirija su atención hacia el sonido de la música, el momento actual y las sensaciones físicas que siente. Esta práctica tiene como objetivo acallar tu voz interior y simplemente "ser". Por lo tanto, simplemente "sé" con la música y sumérgete por completo, y con relativa rapidez te sentirás más relajado.

Estas son algunas ideas:

Es posible que desee comenzar con una pequeña cantidad de melodías antes de pasar an una práctica más extensa.

Si notas que la música evoca una gran cantidad de pensamientos, recuerdos y monólogos internos, debes cambiar an un tipo de música completamente diferente. La música importante puede venir en muchas formas, como la música clásica, el jazz y la música de la nueva época, y puede ser menos perturbadora que otros tipos de música.

Para que no tenga que preocuparse si está tomando más tiempo del que tiene, puede programar su práctica con la cantidad de canciones que elija.

No se le castiga por "pensar demasiado"; esto es algo normal para los principiantes en la meditación. Por el contrario, disfrute de observar la conversación interna y redirigir su atención al presente.

Meditación Guiada

Antes de comenzar, te invito a tomarte un momento para prepararte para un sueño reparador.

Apague cualquier dispositivo que pueda distraer. Para evitar interrupciones durante la meditación guiada, es posible que deba poner su teléfono en silencio. Apague las luces, la televisión y la música. Quieres preparar el lugar para una noche tranquila.

(Pausa para permitir que los participantes se preparen) Si estás listo, te pido que te acuestes ahora en un espacio cómodo con una columna recta y alargada.

Asegurate de estar en una posición en la que puedas relajarte por completo y disfrutar de esta meditación guiada.

Puede cubrirse con una manta suave y colocar una almohada debajo de la cabeza y otra debajo de las rodillas.

Moviendo la cabeza hacia adelante y hacia atrás y girándola de lado a lado, afloja los músculos del cuello.

Deje que tu cabeza se relaje mientras está en una posición cómoda.

Mueve los hombros y regresa an una posición relajada.

Mueve las caderas mientras mantiene los glúteos en la cama y luego regresa an una posición relajada.

Asegúrese de que su barbilla no apunte demasiado hacia arriba si desea mantener una posición neutral y cómoda. Levante el cuello y relaje la mandíbula.

Deja que sus manos descansen a los lados, con las palmas hacia arriba o hacia abajo, o sobre su abdomen.

Relax tus piernas. Cuando te relajas, puedes mover tus rodillas y pies. Intenta no colocarlos en ninguna posición específica. Deje que caigan naturalmente.

Manténgase aquí. Deja que tu cuerpo y tu mente se relajen aquí para una buena noche de sueño.

Ligeramente cierra los ojos... Y emite un suspiro profundo... (dejar tiempo suficiente para esto)

Te invito a comenzar a notar cuán pesados se sienten tus párpados ahora a medida que tus ojos se vuelven más y más relajados. Ten en cuenta que con cada respiración, se vuelven cada vez más pesados y se atraen cada vez más entre sí. Cada vez que tu abdomen se eleva con el oxígeno purificador, siente una mayor sensación de paz y comodidad, y cada vez que tu abdomen se cae, libera más energía relajante en tu cuerpo hasta que finalmente estás tan relajado que tus ojos no pueden evitar cerrarse.

Observa cuán cuidadosamente te vuelves a la música de fondo...

Túmate un momento para escuchar uno de los sonidos y presta mucha atención an ese sonido.

Dedica algo de tiempo an escuchar ese sonido y nota que cuanto más le prestas atención, más fuerte parece ser. De hecho, puede parecer tan fuerte que casi no puedes escuchar mi voz porque se ha vuelto muy fuerte.

Sabes que es hora de dejar ir el sonido y liberarlo de tu conciencia cuando ha crecido tanto. Cuando vuelve a concentrarse en mi voz, comienza an escuchar mi voz de nuevo.

Felicitaciones por practicar el autocuidado. Te mereces una noche de descanso y un despertar que te haga sentir renovado y preparado para el día.

No descartamos por completo los pensamientos y deseos que no entendemos, que encontramos dolorosos, o quizás incluso vergonzosos. Se guardan en nuestro subconsciente.

Si permanecen en nuestra mente subconsciente, tendrán un impacto en nuestras acciones y emociones. La mayoría de las veces, no nos damos cuenta de su impacto.

Esto activa la mente, lo que provoca depresión, ansiedad, insomnio y otros problemas mentales. Cuando tu mente comienza an analizar demasiado, quedarán los efectos secundarios de un subconsciente poderoso.

Comenzarás an observar estos pensamientos a través de Vipassana. Aprenderás a distinguirlos. Porque solo reconociéndolos puedes liberarlos an ellos y su influencia.

Comienza concentrando tu mente en tu vientre. Concéntrate en el movimiento ascendente de la inhalación. Luego preste atención a su movimiento descendente, que se produce cuando exhalas.

(Hacer una pausa de diez segundos)

Toma nota del movimiento ascendente como "subiendo" y del

movimiento descendente como "bajando" mentalmente.

No use la voz alta para decir "subir" o "bajar". El objetivo es simplemente tomar conciencia del proceso, no de lo que se conoce como movimientos.

Es posible que no tengas la capacidad de concentrarte en estos movimientos. Puede descubrir que sus pensamientos están equivocados.

Sin embargo, tenga en cuenta que este es un proceso de aprendizaje. Trátalo de esa manera. Aprenderás a dominarlo gradualmente, como todo método. Comprenderás que los movimientos ascendentes y descendentes siempre están presentes una vez que los observes. Si pierdes la concentración durante este ejercicio de meditación, no tendrás problemas para encontrarlos.

(Hacer una pausa de cinco segundos)

Mantenga una respiración constante.

No tomes respiraciones rápidas o profundas. Pueden causar fatiga.

Mantén la conciencia del aumento y la disminución de tu abdomen mientras respiras de manera rítmica y tranquila.

(Hacer una pausa de diez segundos)

Otros pensamientos comenzarán a luchar por tu atención mientras te concentras en tus movimientos abdominales. Ideaciones, imaginaciones, deseos o intenciones serán parte de estos pensamientos o experiencias.

No los dejes pasar. Debes registrar cada pensamiento, emoción o situación mental.

Reconócelo cada vez que imaginas una experiencia, reflexionas sobre algo o sientes que debes hacer algo.

Tome nota mental de esa idea. Ten en cuenta que estás experimentando si es una experiencia. Ten en cuenta que tienes la intención de hacerlo si es una intención. Nota si es una emoción. Es importante tomar todas estas notas de manera consciente, sin hablar en voz alta.

Continúe concentrando tu abdomen.

(Pausa por diez segundos) Si siente que sus pensamientos se alejan del objeto de su atención, tenga en cuenta que está caminando y vuelva a tu punto de interés original.

Se da cuenta de que estos pensamientos son solo una expresión de factores externos. Sabe que los liberarás.

Por eso, después de tomar nota de estos pensamientos, simplemente liberas el pensamiento o la experiencia de tu mente.

(Pausa diez segundos) Si se siente difícil liberarlos, no los elimines. Observa tu pensamiento y apariencia hasta que desaparezcan.

(Pausa por 20 segundos) Después de que un pensamiento desaparezca, regrese a tu abdomen. Observando los movimientos ascendentes y descendentes una vez más.

(Pausa por diez segundos) Si alguna vez sientes la necesidad de actuar, hazlo gradualmente mientras tomas nota mental de la acción. Por ejemplo, escriba que estás tragando si tienes ganas de hacerlo. De la misma manera, registre todos los movimientos que realiza, como enderezar el cuello o relajar los brazos.

Recuerda hacer cada acción lentamente y hacer anotaciones a medida que las haces.

Cuando termines la acción, vuelve a concentrarte en tus movimientos abdominales.

(Pausa por diez segundos) Piensa en el pensamiento o experiencia siguiente que pasa por tu mente. De la misma manera que lo haces con los otros pensamientos o experiencias, lo haces con ellos. Lo registras mentalmente antes de liberarlo.

(Hacer una pausa de 20 segundos)

No intentes sacar ningún recuerdo o pensamiento de ti mismo. Si ve puntos blancos, mantenga la atención en el ascenso y la caída de su abdomen. Durante esos momentos vacíos, deja que tu mente descanse.

(Hacer una pausa de diez segundos)

Tus pensamientos también pueden transformarse en imágenes. Una vez que ocurran en tu mente, reconócelos y libéralos como lo hiciste antes. Si no se marchan, espera a que lleguen.

No intentes explicar lo que está pensando. Muchos de ellos están desestructurados y sin una estructura evidente. Solo tiene como objetivo reconocerlos, no comprenderlos. Suéltalos o espera a que desaparezcan de tu mente mientras los observas con indiferencia.

(Pausa por 20 segundos) Si eres nuevo en este ejercicio, tendrás dificultades para mantener la concentración. Pero recuerda que con el tiempo adquirirás el control. Tendrás una sensación de franqueza. Serás capaz de dejar de tener el hábito de evaluar o analizar demasiado tus pensamientos.

(Pausa por diez segundos) Si te encuentras respondiendo a tus pensamientos, preguntándote si son buenos o malos, o si debes hacer algo al respecto, toma nota de tus reacciones. No elijas reaccionar después de hacer la nota. No te preocupes demasiado por ello.

(Pausa por diez segundos) Si todavía tiene dificultad para liberarse de un pensamiento o imagen particular que ha entrado en su mente, simplemente inhala profundamente y exhala. Imagina el pensamiento o la imagen flotando con la respiración mientras exhalas.

Una vez que hayas hecho esto, tu mente está lista para recibir el pensamiento que sigue.

(Pausa por 30 segundos) Si algo te molesta, como una picazón, toma nota mental de ello. Hasta que desaparezca, puedo sentir la sensación. Si el picor persiste, tenga en cuenta que puede aliviar. Enfócate en el acto de levantar las manos lentamente y toma nota mental de ello. Extiende la mano hacia el área y masajea hasta que sientas que el masaje desaparece. Regrese a su posición original, recordando la acción. Finalmente, vuelva a concentrarte en los movimientos abdominales ascendentes y descendentes.

Quiero que te sientas tranquilo y tranquilo la próxima vez que inhales.

Cuando exhales, libera toda la tensión de tu cuerpo y te relajas.

Tu cuerpo se sentirá un poco pesado. A medida que tu cuerpo se vuelve más pesado, se siente más relajado.

Concéntrate en tu respiración. No intentes respirar demasiado profundo o rápido. Simplemente respira lentamente y normalmente para sentir que cada respiración te hace sentir más tranquilo y libera más tensión de tu cuerpo.

La Concentración

El primer paso para meditar es aprender a concentrarse. Con su ayuda, podremos hacer que nuestra mente nos obedezca en lugar de actuar por sí sola, tal como está acostumbrada.

La atención fija no es posible sin algo en qué fijarla.

Necesitamos algo que nos ayude a concentrarnos.

Sin él, el pensamiento vaga.

Las siguientes son las etapas de concentración:

1. Elegir el objeto para concentrarse.

2. Retirar la conciencia mental de la periferia del cuerpo para aquietar las percepciones y el contacto externo (los cinco sentimientos), entonces la conciencia ya no se exterioriza.

3. Concentrar la conciencia en la parte media de las cejas.

4. Aplicar la atención o concentrarse en el objeto seleccionado para la concentración.

La visualización del objeto, la percepción imaginativa y la capacidad de razonar sobre él.

La ampliación de los conceptos mentales desarrollados, pasando de lo específico y específico a lo general y universal o cósmico.

Se propone lograr lo que está detrás de la forma en cuestión o llegar a la idea que la motiva.

Hay cuatro categorías de objetos en los que se puede concentrar:

1. Objetos que provienen de fuentes externas, como imágenes de dioses, cuadros o formas naturales.

2. Objetos internos, como los chakras o los centros del cuerpo etérico.

3. Cualidades, como las diversas virtudes, con el objetivo de despertar el deseo de poseerlas y hacer que se conviertan en parte integral de la vida personal.

4. Conceptos mentales, o esas ideas que están dentro de los ideales y que están presentes en todas las formas animadas, y que pueden ser palabras o símbolos.

La necesidad de imágenes, esculturas sagradas y cuadros se debió a la creencia de que los "objetos" son esenciales para la comunicación. Todos estos objetivos requieren el uso de la mente concreta inferior, que es una etapa preliminar necesaria, y el manejo de la mente para que el aspirante pueda manipularla de cualquier manera que desee. Los cuatro tipos de objetos mencionados anteriormente conducen al aspirante hacia su interior y le permiten transferir su conciencia desde el plano físico al reino etérico, luego al mundo del deseo o las emociones y finalmente al mundo de las ideas y conceptos mentales.

Este proceso ocurre en el cerebro, y todo el ser humano inferior es llevado an un estado de alerta constante en una sola dirección, donde todos los aspectos de su naturaleza están dirigidos an una atención fija o concentración de todas las facultades mentales.

De esta manera, la mente ya no se desvía ni se extiende, sino que se acomoda y "concentra completamente su atención". La traducción de Vivekananda de dharana es "mantener la mente fija en un pensamiento durante doce semanas".

Es muy difícil obtener esta percepción clara, unilateral y tranquila de un objeto, sin que otro objeto o pensamiento entre en la conciencia. La verdadera concentración se logra cuando se puede mantener durante doce segundos.

Además del uso principal como herramienta para conectarse con nuestra alma, el desarrollo de la capacidad de concentración tiene muchas ventajas. La concentración aclara nuestras ideas, nos permite comprender mejor las cosas, nos hace más eficientes al permitirnos trabajar con más rapidez, aumenta nuestra energía, voluntad, tranquilidad, elocuencia, alegría, influimos positivamente en los demás y conseguimos una voz serena y dulce, a la vez que nos explicamos con más claridad, etc.

En realidad, la dispersión resulta en una mayor lentitud y una disminución de la potencia. La concentración tiene éxito en cualquier actividad, no solo en la meditación.

Todas las personas poseemos naturalmente una cierta capacidad de concentración que utilizamos en actividades como leer un libro, pelar fruta, etc. Es evidente que hay actividades que requieren mayores habilidades que otras. En la actualidad, los niños enfrentan numerosos problemas, incluyendo dietas inadecuadas, uso excesivo de la tecnología, entre otros. Esto causa problemas psicológicos, de atención y de memoria.

El conocimiento de nuestra mente es esencial para el desarrollo de nuestra capacidad de concentración, ya que solo podemos percibir o prestar atención an una cosa a la vez, aunque a veces creemos que percibimos varias. Esto se debe a que funciona extremadamente rápidamente. La mente solo emplea un sentido al mismo tiempo. Por ejemplo, escuchamos o vemos cosas, pero no las hacemos al mismo tiempo, a pesar de que su rapidez nos hace pensar que las hacemos al mismo tiempo.

Al entrenar nuestra mente para enfocar toda su atención en lo que hacemos en cada momento, apartamos otros pensamientos y evitamos actuar apresuradamente o de manera impulsiva. Por ejemplo, si leemos un libro, solo pensemos en el libro, no en la comida, los hijos o otras cosas. Observar que el mayor problema que podemos encontrar a la hora de concentrarnos es estar nerviosos o intranquilos. Nos daremos cuenta de que nuestros pensamientos saltan de un lado an otro como si nuestra mente fuera un mono al intentar concentrarnos. Nos concentraremos en un solo objetivo con tranquilidad, paciencia y determinación. Y cuando se desvíe, la haremos regresar con éxito y perseverancia. Nuestro nivel de concentración aumentará y podremos completar nuestras tareas más rápido y con mayor precisión si practicamos esto con frecuencia. Todo esto nos traerá una gran alegría espiritual.

SENSACIONES

Son los encargados de proyectar la mente hacia el mundo exterior. Por lo tanto, no podremos meditar sin preparar nuestros sentidos para que puedan proyectarse hacia el interior. La energía mental fluye constantemente a través de ellos. Para controlar la pérdida de esa energía, es necesario monitorear su actividad. Este control, conocido como pratyahara, o quinto paso del sistema de raja yoga, funciona con la energía de los sentidos y sirve como base para la práctica de la concentración.

En realidad, y en general, no somos conscientes de cómo y cuánto nos influyen las impresiones de los sentidos sobre nuestra mente, ni cómo de este modo influyen en nuestras elecciones y reacciones.

Es fundamental tener en cuenta que en el mundo occidental se fomenta la expresión exterior de los sentidos, por lo que la práctica del pratyahara es aún más crucial para aquellos que desean desarrollar la espiritualidad en sus vidas.

La mente se alimenta de las impresiones sensoriales, que también determinan la calidad de nuestros pensamientos. Por lo tanto, si vemos películas violentas, por ejemplo, nuestra mente se llenará de

impresiones violentas que podrían afectar nuestra conciencia y provocar comportamientos agresivos. Cuando comemos basura, contaminamos nuestra mente y cuerpo de la misma manera.

Los programas de televisión y películas finalizados, así como algunos periódicos y revistas, así como la música rajásica o tamánica, nos deprimen y entorpecen. Reduciremos la cantidad de periódicos y revistas que leemos y el tiempo que pasamos mirando televisión. Estos hábitos tienen un impacto negativo en nuestra mente, ya que la estimulan, aumentan su deseo de consumir y nos hacen sentir incompetentes. Cuando esta negatividad se concentra en nuestros sentidos, se producen trastornos del sueño, necesidad de estimulantes y falta de lucidez, inspiración y creatividad.

El pratyahara es similar an un ayuno mental. Se trata de llenarla únicamente de sentimientos positivos y alejarse de los demás para que no le afecten. Observar una flor, un árbol, un cielo, una llama, una imagen de Dios o un símbolo espiritual, por ejemplo, es beneficioso. Es conveniente exponernos an estas sensaciones positivas todos los días. Usemos nuestra capacidad de discernimiento y seamos selectivos al elegir lo que queremos que penetre en nuestra mente. Absorbemos impresiones positivas de forma consciente y observamos cómo cada vez necesitamos menos estimulación sensorial, al tiempo que nuestra mente se despeja.

Actividades de concentración

Primero debemos entrenar nuestra mente para que se concentre en cosas externas. Seremos capaces de concentrarnos gradualmente en objetos internos y sutiles como un chakra, un sonido interior o una idea abstracta.

La mente debe mantenerse activa y enfocada, sin distraerse ni dispersarse. La vamos an educar de esta manera para que sirva a nuestros propósitos en lugar de convertirnos en sus esclavos. Es importante mantenerla activa o dispersa, ya que puede llevarnos an equivocarnos y percibir lo que no es, incluso a que se despierten poderes psíquicos.

co antes de tiempo y retrasarnos en lugar de avanzar. Por lo tanto, vayamos paso a paso al ritmo adecuado y aprendamos primero a concentrarla.

Ejercicios:

1. Concentrarse en una sola manzana

Para llevar a cabo esta práctica, vamos a nuestra habitación de meditación o an un lugar tranquilo y sin ruidos. Nos sentamos cómodamente con las piernas cruzadas y los dedos entrelazados mientras cerramos los ojos y pensamos en una manzana. Pensamos en la manzana, su flor y luego en el árbol: el manzano. Por lo tanto, cambiamos el enfoque sin alterar el tema original.

Como es de esperar, la mente comenzará a dispersarse, a pensar en otras cosas, y luego saldremos de ella y volveremos a la manzana.

2. Concentrarse en una flor.

Imaginemos un jardín con una variedad de flores diferentes. Seleccionamos una de manera aleatoria y sin prisa. Ahora nos enfocamos en cada uno de sus detalles, como el color, el tamaño, el olor, el tacto, etc. Y dedicamos el mayor tiempo posible an ello.

3. Mantener la atención en un solo sonido

Como prestar atención al sonido de un reloj.

4. Un enfoque en la naturaleza

Nos levantamos y observamos el firmamento si es durante el día. Al hacerlo, sentiremos cómo nuestra mente se expande y cómo parece que estamos en el cielo.

Nos concentraremos en las estrellas o la luna si es de noche. Podemos sentarnos a la orilla del mar y concentrarnos en escuchar el sonido de las olas que resuenan como OM.

Cambiar la perspectiva de un objeto entre los que están más cerca o más lejos es muy educativo cuando nos concentramos. Incluso,

Podemos concentrarnos en una montaña, un árbol, los tonos y, finalmente, los sonidos.

5. Mantener la atención en la lectura

Leamos varias páginas de un libro y intentemos mantenernos concentrados deteniéndonos al final de cada página para ver qué recordamos de lo que acabamos de leer.

Notaremos que cuando no estamos concentrados, no entendemos ni recordamos nada.

6. Concentrarse en una cualidades abstractas

Por ejemplo, la compasión. Consideremos cómo puede manifestarse en la vida diaria, especialmente en situaciones problemáticas. Pensar en aquellos que han tenido este don de compasión a lo largo de la historia nos ayudará.

Para que nuestro corazón quede inundado, volvemos an esta cualidad. Después, desde nuestro corazón, dejemos que se propague por todo el mundo y pensemos en nosotros mismos como personas compasivas.

7. Concentrarse en el fuego de una vela

El desarrollo del poder de concentración se puede mejorar con este ejercicio. Para lograrlo, colocamos una vela an una distancia de un brazo y a la altura de los ojos. Observemos la llama con los ojos abiertos durante un minuto, parpadeando lo menos posible y evitando forzar la vista demasiado. No importa si se derraman algunas lágrimas. Y siempre que la mente se distraiga, la haremos volver a la llama.

Después, cerraremos los ojos, relajaremos los músculos y visualizaremos la llama entre las cejas de forma suave en el mismo tiempo.

El primer día, se recomienda hacer este ejercicio por un minuto y luego aumentar gradualmente el tiempo hasta llegar a los treinta minutos. Es fundamental mantener la constancia; después de un tiempo con esta práctica, podremos ver la llama con claridad incluso sin su presencia. Es

un ejercicio fantástico que estimula el cerebro y los centros nerviosos, fortalece la vista, estabiliza los desvíos mentales y mejora significativamente la concentración.

8. Concentrarse en una imagen o símbolo positivo

Siéntese de manera cómoda. Coloque un símbolo espiritual o una imagen positiva en su frente. Observa la imagen con atención. Visualice el corazón o el espacio entre las cejas cerrando los ojos. Abra los ojos y mírela una vez más cuando se desvanezca en su visión mental. Después de unos segundos, cierre los ojos y haga lo mismo.

9. Mantener un enfoque en las actividades

Se trata de hacer que nuestra mente sea más fuerte en las tareas que nos desagradan.

En contra de lo que pudiera pensarse, si fijamos nuestra atención por completo en una situación u objeto que en apariencia no era de nuestro interés, comenzaremos a verlo desde un nuevo punto de vista y, en mayor o menor medida, nos gustará. Esto demuestra que la satisfacción no es el objeto, sino la concentración en uno mismo.

CONSEJOS PARA LA CREACIÓN DE UNA CONCENTRACIÓN

Según Swami Sivananda:

1. Disminuir la cantidad de cosas que pensamos.

2. Considere el lado positivo de las circunstancias. La concentración será difícil para una mente negativa.

3. Disminuir los excesos: en el esfuerzo físico y mental, hablando, comiendo o durmiendo. El exceso de algo causa torpeza, distracción y dificultad para concentrarse.

4. Pongamos toda la atención en lo que hagamos. Nunca dejemos las cosas a medias, y nunca olvidemos mantener todo en orden.

5. Evitar las conclusiones precipitadas: debemos estar completamente concentrados antes de tomar una decisión.

6. Aprenda a relajarte.

7. Manténgase paciente, feliz y tenaz. La concentración requiere voluntad, regularidad y persistencia.

Cuando mantengamos nuestra práctica por encima de cualquier insignificancia que nos perturbe, podremos llegar al objetivo. Para aquellos que practican la concentración con regularidad, nada es imposible.

¿Qué Métodos Podemos Implementar?

Le aconsejo que busque una disciplina que pueda acompañar una vez que domine y supere los 2 minutos de meditación diarios y pueda pasar un largo tiempo meditando. En otras palabras, cuando las personas logran dominar los dos o cinco minutos, a veces se enfocan en lograr un equilibrio en nuestra vida sin agregar nada más, pero al pensar en disciplinas, el enfoque es ponerlo en práctica de una manera que le ayude a seguir creciendo.

Debido a que existe una gran cantidad de técnicas, vamos an analizar cada una de ellas para que cualquier persona con un nivel principiante en meditación tenga la información suficiente para comprender en qué consiste cada uno y posiblemente inclinarse hacia una disciplina que le ayude a nutrirse y crecer más.

Recuerde que la meditación tiene muchos caminos y que es importante experimentar para determinar cuál es el más beneficioso para cada persona. Por lo tanto, no queremos decir que experimente uno y otro día, sino que puede dedicar un periodo de tiempo an una técnica, si siente que le llena, puede decidir mantenerla o experimentar con otra, o si siente que no es para usted, puede decidir cambiar e intentar otra disciplina.

Un consejo que puede ayudarlo es escribir en un diario los detalles de cómo lo hace sentir y sus pro y contras, recuerda hacerlo de la forma más amable. A veces no se trata de que una sea mejor que otra, sino que para ciertos momentos de tu vida el enfoque de una técnica puede ayudarte más que otra, a fin de cuentas, no hay una regla que diga que solo debes mantenerte en una técnica, sino que puedes conocer varias técnicas y

Además, tenga en cuenta que cuando llegue an este punto, aún es un principiante y habrá muchos conceptos o lenguaje nuevo que desconoce y que pueda confundirlo, porque para cada técnica hay conceptos que tienen un sentido y una razón de ser. Recuerde ser valiente y no temer o sentirte contrariado; el camino al autodescubrimiento es largo, enriquecedor y vale la pena explorarlo.

Meditación Budista

Sus raíces están en el budismo tradicional chino y reconoce la meditación como un medio de autoconciencia que transforma y da una visión espiritual. Se basa en la práctica breve pero repetitiva y regular, donde debemos aprender a no reaccionar sino a responder con conciencia a nuestras experiencias.

Como es bien conocido, la meditación budista se basa en la historia o enseñanzas del buda, quien nació príncipe pero decidió abandonar el mundo de riquezas y llevar una vida apartada y alejada de lo material a cierta edad. A través de la meditación en medio del bosque, el príncipe se dedicó a buscar la verdad de la vida y alcanzó un nivel de conciencia que le ayudó a comprender la verdad de la vida y el verdadero significado del balance y el equilibrio. Esta técnica se basa en una versión muy condensada de la vida del príncipe llamado Buda. Debido a que puede confundir o generar tanto interés y desenfocar su comprensión de las diferentes prácticas, no deseo proporcionar demasiados detalles.

La meditación budista también busca un estado mental llamado "samadhi", que promueve un estado de máxima atención. Samadih es un estado de conciencia que se logra a través de la meditación, y algunos lo definen como los sentimientos que uno experimenta cuando se funde con el universo o es uno mismo con él.

La meditación budista se divide en tres categorías:

Cuando se practica la meditación para lograr la tranquilidad, la atención y la concentración, se conoce como shamata.

Las prácticas vipassana nos ayudan a tener una visión clara de la realidad.

El Shamata, también conocido como una meditación conocida como "morar en calma", tiene como objetivo calmar la mente y poner en evidencia las cualidades naturales como la atención, el espacio y la claridad. Esta se divide de esta manera:

Anapanasati, que se enfoca en aumentar la concentración y reducir la distracción. El primer tipo de meditación que el Buda presentó fue la meditación en la respiración (inhalación y exhalación). Inhala experimentando el cuerpo en su totalidad y exhala experimentando el cuerpo en su totalidad. Es fundamental mantener el cuerpo derecho. El torso debe permanecer erecto, pero no rígido. Solo si todos los huesos de la espina están alineados en una posición erecta, uno puede cultivar esta meditación adecuadamente. Por lo tanto, debemos entender y seguir esta recomendación del Buda de mantener la parte superior del cuerpo erecta.

Metta Bhavana se enfoca en el manejo y eliminación de sentimientos como el odio, la sensiblería y la nostalgia, los cuales están asociados con la depresión o la ansiedad. Esta estrategia tiene como objetivo aumentar y desarrollar el amor en nuestra vida. La práctica tiene una estructura que nos ayuda, con cinco partes que podemos hacer durar 5 o 10 minutos cada una.

Desarrollamos metta hacia nosotros mismos, hacia amigos y hacia personas indiferentes.

4) Metta hacia alguien difícil

5) Metta a todas las criaturas.

Metta es un intento serio de imprimir un giro radical a nuestra conciencia, por supuesto que este giro se producirá de forma acumulativa y progresiva. Metta está relacionada con una visión de la realidad de la existencia que dice que nada existe independientemente de lo otro, que toda la existencia es una vasta red de fenómenos interconectados e interdependientes que crean las condiciones para la existencia de los otros, esto atañe a todo, desde una tormenta hasta por sup Si esto implica responder con odio, negación o violencia sin que finalmente vuelva hacia nosotros mismos, entonces es así como ser feliz o estar tranquilo si algo o alguien más no puede serlo.

Mudita Bhavana: esta técnica se utiliza para trabajar el rencor y la envidia y aumentar la felicidad.

Buscaremos sentir la dicha en el mismo orden que en la práctica de Matta Bhavana, pero podemos practicar esta meditación en cualquier momento y en cualquier situación:

1) Practicamos la alegría al celebrar los logros de una persona cercana

2) Celebramos el éxito de un desconocido

3) Nos regocijamos con los éxitos de alguien que nos resulta difícil

4) Celebramos los logros de todos los seres vivos.

5) Practicamos la alegría al celebrar nuestros propios logros.

Más allá de lo material o lo ilusorio, buscamos sentir alegría por la vida y la existencia de todos los seres, sintiendo alegría, gratitud y felicidad hacia todo lo que nos rodea, un sentimiento que poco a poco aflorará en nosotros.

Upekkha Bhavana: la práctica se enfoca en contrarrestar la indiferencia y la apatía para que se desarrolle la integridad y la justicia.

Un valor humano que surge del desarrollo personal es la ecuanimidad. La última de las cuatro moradas divinas (atención consciente, amor incondicional, dicha plena y ecuanimidad) es la más alta.

El trabajo para llevar a cabo esta práctica es un esfuerzo constante para liberarse y encontrar el equilibrio personal.

Cada cosa, persona, sentimiento o emoción que nos rodea será tratada de la misma manera.

Buscar este sentimiento en la cocina, con los alimentos, aceptando e integrando todo lo que nos llega con la misma actitud neutral, sin rechazo ni apego. Después de esto, será mucho más fácil manejar las otras situaciones de la vida.

Cuando experimentamos dificultades, podemos seguir las siguientes etapas:

:1) Intentamos sentir equanimidad hacia alguien que no nos importa:1)

2) Buscamos sentir empatía hacia alguien que admiramos o a alguien que nos ha hecho daño 3) Buscamos sentir empatía hacia alguien que nos ha hecho daño.

4) Buscamos sentir equidad hacia todos los seres que nos rodean y hacia nosotros mismos.

La Vipassana es una práctica en la que analizamos, usamos y continuamos desarrollando nuestras cualidad más activas y penetrantes. De esta manera, podemos identificar y transformar creencias o ideas erróneas.

Anicca, también conocida como el método de contemplación de la impermanencia, tiene como objetivo reducir el deseo de alcanzar la paz y la libertad en el interior.

Salayatana: Trabajar la vanidad ayuda a comprender la naturaleza del ser.

Pratitya-samutpada significa contemplar el origen condicionado de la ignorancia para adquirir sabiduría y compasión.

Ahora que sabemos más sobre cómo funciona el budismo en la vida real, podremos entender mejor cómo podemos practicarlo. La meditación budista generalmente consiste en sentarse en un lugar cómodo y concentrarse en mantener la espalda erguida desde la pelvis hasta el cuello, manteniendo cerrados nuestros ojos y boca y inclinando ligeramente nuestro rostro en modo de reposo. En el budismo, la posición de loto o semiloto es la más común, pero no es realmente necesaria o limitante.

Como saber cuál método es el más conveniente para aquellas personas que están empezando, porque muchos aconsejan que el Vipassana es un estilo muy popular en la actualidad que busca ayudar a comprender el proceso de cómo funciona la mente. Además, debido a su popularidad, hay mucha información sobre este método y posiblemente varios lugares donde pueden enseñarte. Además, este método carece de formalidades o rituales asociados, lo que hace que la práctica se concentre más en comprender al ser y no en comprender el significado de las tradiciones como en otras técnicas.

En el budismo, se dice que no es necesario practicar solo un método, sino que se puede practicar todos porque se vuelven complementarios y uno se vuelve más completo. Recuerda que la exploración es crucial.

¿Cómo Iniciar La Meditación?

A veces creemos que la meditación es solo una persona en silencio. Sin embargo, no debemos dejarnos llevar por las apariencias porque esa persona en silencio no es la misma que el nivel de conciencia, paz y armonía que está logrando en ese momento y los efectos que esto tiene en su vida.

Uno de los pasos más importantes para comenzar a meditar, en mi opinión, es evitar cualquier prejuicio o paradigma que tengamos sobre la meditación, evitar cualquier idea que hayamos escuchado y ser valientes y abiertos para comprender lo que nos espera.

Para comprender esto, es fundamental trabajar en nuestra humildad y en la grandeza de esta cualidad, que nos ayudará a comprender cada vez más el verdadero significado de la meditación.

Podemos identificar el lugar adecuado para meditar después de eliminar cualquier pensamiento que creamos que no contribuirá al proceso. Debemos estar seguros de que este lugar nos brinda la comodidad necesaria o al menos no nos hace sentir incómodos, y debe ser lo suficientemente silencioso para poder concentrarnos.

Es importante tener todas estas consideraciones cuando somos nuevos en la meditación porque muchas personas dicen que puede volverse difícil en las primeras veces, por lo que es mejor evitar cualquier distracción de nuestra mente.

Recordemos usar ropa cómoda; muchas personas meditan al despertar y antes de dormir, por lo que debemos estar seguros de que nuestro enfoque debe ser en el momento y evitar pensar en cosas materiales o físicas.

Ahora que estamos listos y tomamos en cuenta estas consideraciones, vamos a seguir:

Paso 1. Sentarnos en un lugar tranquilo y tranquilo. Podemos sentarnos en el suelo o en una silla, pero siempre debemos buscar la opción más cómoda porque el objetivo es concentrarnos y buscar la paz en nuestro interior, evitando cualquier cosa que nos distraiga.

Paso 2: establecer un límite de tiempo. Debemos establecer un tiempo para meditar; a veces será un proceso un poco difícil, pero debemos establecer un objetivo que cumplir y con el que empezaremos. Una recomendación que encontré es que este tiempo debe ser corto, por ejemplo, dos minutos para comenzar.

Es importante entender que este es un objetivo a largo plazo y que se convertirá en una rutina. Por lo tanto, determinar cuánto tiempo pasaremos en un lapso de 2 minutos depende de lo avanzados que estemos, y podemos ir modificando gradualmente según nos consideremos capaces de aumentar el tiempo.

Paso 3: preste atención a su cuerpo; considere la posición en la que nos sentamos y si esta posición mejora el estado mental. Algunas personas intentan tener una postura sobre las rodillas, por ejemplo, sentándose en el suelo o en una silla, cruzando las piernas o estirando las piernas, pero esto siempre estará bien si no molesta su mente. Por ejemplo, hay personas que al cruzar las piernas experimentan problemas de circulación después de un tiempo, y hay varios casos dependiendo del tipo de persona. Como resultado, esto es una elección personal.

Paso 4: Concentre sus esfuerzos en la respiración. Enfoca tu mente a comprender el ritmo de tu respiración; muchas personas creen que su respiración no tiene nada especial porque va de acuerdo con su ritmo de vida acelerado, pero esto no te permite estar completamente consciente de lo que sucede o puede estar sucediendo con tu cuerpo.

Recuerde que debe inhalar y exhalar de forma pausada. Si siente que respira muy rápido, concéntrese y desacelere el ritmo. Esto le ayuda a liberar su mente y darle la oportunidad de reconocer lo que deben hacer para sentirse tranquilo. No es necesario tener un experto a la par; tu cuerpo y tu mente te ayudarán a hacerlo.

Paso 5: Determine cuando te sientes distraído. Las personas frecuentemente se encuentran con la tarea de recordar las tareas pendientes, los sucesos del día y las preocupaciones, ya sea personales o de la familia y amigos, cuando realizamos esta práctica por primera vez. Para muchos, esta es la parte difícil porque apagar estos pensamientos se vuelve un desafío constante.

Para avanzar en esta práctica, es esencial estar alerta para identificar estos momentos porque si permitimos que nuestra mente domine y piense en todas esas preocupaciones, habremos invertido el tiempo en pensar en preocupaciones y miedos que tienden a dominarnos, y por lo tanto nuestro comportamiento en un día puede volverse triste, desenfrenado, nervioso o desastroso. Por lo tanto, es importante cuidar cómo nuestra mente está entrenada para pensar y este tiempo

Este paso es crucial porque nos acostumbramos a dirigir y educar nuestra mente e impulsos al realizarlo. Antes de aprender a meditar, tuve ocasiones en situaciones laborales en las que me dejaba dominar por mis emociones; es decir, si alguien me decía algo que no me agradaba, mi cuerpo respondía con una reacción que podía ser muy alegre, muy triste o molesta. Cuando aprendí an educar mi mente, me di cuenta de que solo yo soy capaz de encontrar siempre paz en mi ser.

Paso 6: Controle tu mente con amabilidad. La meditación es tan importante porque nos ayuda a concentrarnos en la mente y a comprenderla mejor porque no hay nada más poderoso que la mente. Todo dependerá de cómo la tratemos, ya que nuestra mente es como un niño. En las películas de comedia, a veces las personas se hablan a sí mismas y se dan pequeños golpes en la cabeza para intentar concentrarse en lo que necesitan, pero la meditación te pide que seas amable con tu mente y la única forma de liderarla es en la mente misma, evitando el plano físico. También debemos tener cuidado al hablar de nosotros mismos; muchas veces es mejor experimentar una sensación de paz y tranquilidad que el pensamiento equilibrado puede brindar. Esto me refiero a concentrarte en sentir en lugar de hablarle a tu mente.

Paso 7: Continúe practicando Ahora que conoce los pasos que debe seguir cada vez que practica, puede dedicarse a la disciplina que implica, es decir, si tiene el objetivo de hacerlo todos los días, debe cumplirlo y practicarlo.

Algo que suele suceder cuando empieza es que estas más consciente cuando su mente y su cuerpo empiezan a llenarse de estrés, preocupaciones o no se sienten bien por las presiones del día a día. Puede tomar estas situaciones como ventajosas porque le permite reconocer cuando puede llegar a ser necesario dedicar dos minutos o el tiempo que creas necesario para meditar, concentrarse y buscar la calma. Esto tendrá un doble efecto positivo Con el tiempo, esto se vuelve tan común que muchas personas a veces no necesitan meditar porque su mente y cuerpo están tan preparados para buscar siempre la calma y el equilibrio en cada circunstancia.

Paso 8: Manténgase amable siempre. Recuerda ser amable y amable consigo mismo después de terminar su sesión de meditación. Después de meditar, abra los ojos despacio y tome un momento para notar cómo se siente su cuerpo y su mente, así como a sí mismo. Preste especial atención a sus pensamientos y emociones.

Esto se convierte en un gran despertar porque generalmente te inunda con energía, paz y calma. En última instancia, es crucial que tu práctica diaria te ayude a llegar an él y tener acceso an él, ya que muchas personas lo describen como una luz o calor que sienten, mientras que otras personas simplemente lo describen como la paz o la calma o el encontrar el centro de nuestro ser.

Además, es crucial enfatizar que la amabilidad se refleja en cómo trata a su entorno, ya que no solo trata a las demás personas, sino también a todo lo que lo rodea, desde animales y plantas hasta familiares, amigos, desconocidos o lugares donde vives, trabajas o transitas. Todo se resume en actuar con amabilidad de manera integral.

www.ingramcontent.com/pod-product-compliance
Lightning Source LLC
Chambersburg PA
CBHW050235120526
44590CB00016B/2093